Jeder der Isabell Schwabs liebevolle Hommage an das Meer, das Segeln und das Genießen gelesen hat, spürt es sofort und sehr deutlich – das große Fernweh! Es kommt nach dieser Lektüre ganz einfach auf und man stellt sich unwillkürlich die Frage, wie und wann man nun auch selbst einmal zu all diesen zauberhaften Orten reisen könnte. Die wohltuende Entschleunigung, die aus jeder Zeile dieses Buches mitschwingt, will einfach selbst erlebt und erfahren sein. In zwölf kurzweiligen Tagen und mit sechzehn leckeren Gerichten, vermittelt uns die Autorin Ihre ganz persönliche Philosophie über Liebe, Wind und Meer. Ihre Gerichte sind dabei spürbar aus der Praxis und speziell für das Kochen unter den einfachen, sehr eingeschränkten Bedingungen der Küche an Bord eines Segelbootes konzipiert, mit viel Liebe zur Sache. Sie werden es spüren und nachvollziehen können. Beim entschleunigten Nachkochen, natürlich auch zuhause, im Gartenhaus oder im Wohnmobil, werden Sie unerwartete Genussmomente erleben.

Isabell U. Schwab, Jahrgang 1967, lebt in München. Sie ist Pflege-beraterin und examinierte Krankenschwester, vierfache Mutter von erwachsenen Kinder und segelt seit mehr als zwanzig Jahren rund ums Mittelmeer. Mit Ihrem Mann Tomas verbringt sie soviel Zeit wie nur möglich auf ihrem Segelboot, der SY Fidelio, um die kroatische Inselwelt seglerisch und genießerisch zu erkunden.

LIEBE, WIND UND MEER

SEGELN, KOCHEN & GENIESSEN –

EINE KLEINE ANLEITUNG ZUR ENTSCHLEUNIGUNG

von **Isabell U. Schwab**

Bibliografische Information der Deutschen Nationalbibliothek:

Die Deutsche Nationalbibliothek verzeichnet diese Publikation in der Deutschen Nationalbibliografie; detaillierte bibliografische Daten sind im Internet über dnb.dnb.de abrufbar.

Erste Auflage 2017

Herstellung und Verlag:

BoD – Books on Demand, Norderstedt.

ISBN: 978 3 8482 5164 3

Umschlagfoto: Mit freundlicher Erlaubnis - Remisens Hotels – 2012

VORWORT

Wie wäre es mit einem Kochbuch, speziell für die Küche auf einem Segelboot, und einem dazu passenden Reisebericht? Oder einem speziellen Reiseführer, mit vielen leckeren Rezepten? Oder vielleicht dann doch lieber gleich eine dieser superpraktischen, alleskönnenden Apps? All diese Dinge gingen mir durch den Kopf, als ich begann mich mit der möglichen Umsetzung meiner Ideen und dieses Projektes zu beschäftigen.

Nein, ein richtiges Buch sollte es sein! Nicht nur zum Kochen, sondern zum Anfassen, träumen, reinschreiben, lesen und ausprobieren! Mit vielen spontan entstandenen Rezepten rund um das Meer. Sozusagen Salat & Co - mit Liebe, am und aus dem Meer!

Selbstverständlich aber auch mit Fisch, Fleisch, Obst, Gemüse, Gewürzen und zur Freude aller altmodischen Carb-Liebhaber natürlich ebenfalls mit viel Pasta, Reis, Hirse und Kartoffeln (oder „Krumpir", wie die Kroaten sagen). Käse in jeder Variation, einheimisches Brot und Oliven dürfen auch nicht fehlen. Dieses Kochbuch ist eine kreative Zusammenstellung vieler unvergesslicher Momente, kombiniert mit der Glückseligkeit von Zeit und Harmonie, gewürzt mit dem salzigen Geschmack des Windes.

Es kommt beim Nachkochen auch gar nicht darauf an, ob die angegebenen Mengen genau eingehalten werden oder ob exakt alle Zutaten zu Verfügung stehen. Wichtig ist allein die Liebe zur Natur zu spüren, die Frische und den unverkennbaren Geruch einer jeden Zutat wahrzunehmen.

Wichtig ist aber die authentische Beschaffung der Ware. Zum Beispiel auf Fischmärkten, an Marktständen, in lokalen Bauernläden und im Zweifelsfall auch schon mal aus der Küche eines Sterne- Restaurants.

Egal wieviel Zeit Sie versuchen genau zu verplanen, ein Segelboot hat die göttliche Macht der besagten „Entschleunigung"! Sie ist die wahre Grundlage meiner persönlichen Therapie für alle nur denkbaren Erkrankungen an Herz und Kopf. Ob für Mutter, Vater, Sohn oder Tochter, Freunde und Familie, prä- oder postpubertär, oder auch menopausierend. Viele dieser Rezepte werden Sie lieben und ihre eigene Harmonie, ihre Erinnerungen und ihren ganz eigenen Geschmack darin finden oder ihn sogar selbst kreieren.

Die Namen meiner Gerichte lauten nach der jeweiligen Bucht, dem Hafen oder einer anderen Besonderheit auf der unsere Augen ruhten, während wir hingebungsvoll die hungrigen Mägen füllten, die Explosion der einzelnen Geschmäcker erlebten und unsere Kehlen meist noch mit landestypischen Weinen jeder Farbe spülten.

Aber all das ist noch nicht genug. Verbunden mit den jeweiligen Orten beinhaltet dieses kleine(Koch)-Buch auch noch die hoffentlich kurzweilige und interessante Geschichte unseres ersten Segeltörns im Jahre 2017.

München / Opatija, im September 2017

DER TÖRN

Ausgangs- und Endpunkt unserer Reise liegen an der Kvarner Bucht, in der nördlichen Ecke der kroatischen Adria. Genauer gesagt in dem verträumten Städtchen Opatija, auf der Halbinsel Istrien, wo sich unser kroatischer Heimat-Hafen befindet.

Abb. 1: Winterlicher Blick über die Kvarner Bucht, vorne Opatija, im Hintergrund Rijeka / Quelle: Eigenes Foto

Hier wird natürlich nicht an Bord gekocht, es gibt dort zahlreiche Restaurants für jeden Geschmack und in jeder Preislage, egal ob Fisch, Meeresfrüchte, Fleisch, Schinken, Käse, Café oder Dessert. Typisch kroatisch halt, mit einem Hauch alter österreichischer k.u.k. Tradition und gespickt mit italienischer Finesse. Einmal probiert ist man sofort verliebt in diese bodenständige und überaus vielfältige Küche.

Über die Region Istrien selbst könnte man eigentlich gleich zehn Kochbücher schreiben, die Küche ist dort sensationell und in Deutschland noch eher unbekannt. Dass es hier wirklich und wahrhaftig Trüffel aller Sorten gibt, fast ganzjährig, behalten wir auch lieber für uns und lassen ganz egoistisch unsere Umwelt weiterhin die leider weitverbreitete chinesische Importware genießen.

Sollten Sie einmal in dieses Städtchen Opatija kommen, und sei es nur aus Neugier, erhalten Sie hier ein paar ganz private Vorschläge für ihren Besuch:

Die beste Pizza der Stadt gibt es im Restaurant „Ružmarin", versteckt hinter dem frisch renovierten Hotel "Palace Bellevue". Man hat dort zwar keinen Meerblick, aber dafür ein sehr hübsches Interieur, mit einem überdachten, in Naturstein gemauerten Innenhof. In der kühlen Jahreszeit wärmen dort neben dem Grill der offenen Küche zusätzlich Heizstrahler. Es gibt hier Olivenbäume, liebevoll, appetitlich gedeckte Tische, überwiegend kroatische Gäste, freundliche Kellner und qualitativ erstklassige Speisen. Das Ružmarin ist einfach einen Besuch wert.

Zum Fischessen am Mittag geht es dann an den „Lungomare", eine über zwölf Kilometer lange Natursteinpromenade direkt entlang der Küste zwischen Volosko und Lovran. Der Lungomare wurde um die vorletzte Jahrhundertwende eigens zur Erbauung der sehr zahlreich nach Opatija pilgernden k.u.k. Prominenz geschaffen. Einem Spaziergang dort wird sogar eine heilklimatische Wirkung nachgesagt.

An dieser Stelle könnte ich nun natürlich trefflich auch noch die ganze wechselvolle Historie Kroatiens wiederaufleben lassen, aber ich denke Sie wollen doch eigentlich mehr über unserer Reise und Kulinarisches von Heute erfahren, oder?

Dazu nun noch eine ganz persönliche Anmerkung: Es ist nicht verboten, sondern sogar eher sehr erwünscht, dieses Buch immer mal wieder aus der Hand zu legen und selbst noch einmal zu recherchieren, z.B. wer, wann und warum genau hier weilte. Es macht Spaß und bringt uns die eigentlich bekannte, aber dann doch nicht wirklich präsente Geschichte des kroatischen Volkes wieder lebendig ins Gedächtnis.

Im Bereich der Stadt Opatija selbst könnte man den Lungomare auch als Flaniermeile bezeichnen. Er ist hier besonders hübsch gestaltet und eine beliebte Spazierstrecke für Jung und Alt, für Touristen, und wie man sehr schön beobachten kann, auch für Jugendliche und einheimische Familien. Die Kinder üben sich im Roller fahren oder mit dem Tretrad, die Eltern und Großeltern genießen ein Eis der sehr zahlreich und vielfältig angebotenen leckeren Sorten. Alle sind spürbar tiefenentspannt ob der gemeinsamen freien Zeit, des Wetters, der Sonne und des Meeres.

Dort, mitten im Zentrum von Opatija, liegt auch das Fünf-Sterne Hotel „Milenij" mit seiner wunderbaren, in ein Meer von Blühpflanzen eingebetteten Außenterrasse. In der Saison, zwischen Juni und September, wird hier am Wochenende und am Abend hochqualitative Live-Musik geboten. Geprägt von vielen unterschiedlichen Musikrichtungen kann man auf der Terrasse des Milenij bei erstklassigem Essen klassischen Ensembles, Traditionals, Folklore oder auch internationalem Pop lauschen.

Abb. 2: Hotel Milenij, Terrasse, Opatija / Quelle: Eigenes Foto

Ob zum Frühstück, zum Mittagessen, zu Kaffee und Kuchen oder auch zum Abendessen, eine Reservierung ist hier immer angeraten.

Wir selbst gehen aber lieber nebenan zum Restaurant „Vongola", mit der Option „Essen auf Meereshöhe". Sicherlich kein Geheimtipp und natürlich touristisch.

Aber es ist einfach schön sich hier als Reisender zu fühlen und verwöhnen zu lassen. Der Fisch des Tages, eine Gold- brasse zum Beispiel, wird gegrillt und traditionell mit Kar- toffeln und Mangold angeboten. Einfach mit einem Stück Zit- rone und etwas Olivenöl mit Knoblauch und das Ganze für umgerechnet ca. 10 Euro.

Abb. 3: Restaurant VONGOLA, Opatija /Quelle: Eigenes Foto

Nicht zu überbieten ist natürlich das Hotel-Restaurant „Be- vanda". Die 2015 neugebaute Strand-Lounge des Relais & Châteaux Hotels lässt keine Wünsche offen. Es liegt unweit des Zentrums auf einem Felsvorsprung, umsäumt vom Lungomare.

Ob schwimmen im Meer oder chillen am Pool, sehen und ge- sehen werden, alles ist möglich, jugendlich und auch durch- aus elegant. Zur Einstimmung für den Abend, zum Feiern von Festen oder einfach nur so.

Hier empfiehlt es sich einmal einen kroatischen Sekt zu verkosten, aus dem Hause Matošević, nach Méthode Champenoise. Er ist sensationell gut, speziell für diese, uns Deutschen noch eher unbekannte Weinregion. Bestellen Sie hier der Atmosphäre und Laune entsprechend einmal nichtsahnend Champagner, dann wird ihnen zunächst genau dieser Sekt mit einem stolzen und siegessicheren Lächeln zur Verkostung serviert.

Unser Lieblingsrestaurant ist aber das „Lungomare". Es befindet sich, wie sein Name schon verrät, direkt oberhalb des Lungomare und gehört zu dem etwas kleineren, aber sehr charmanten Hotel Savoy. Wenn Sie Tradition und etwas morbiden, aber überaus empfehlenswerten Charme mögen, dann ist dieses romantische Hotel mitten im Zentrum von Opatija ideal. Das Angebot und die Zubereitung der Speisen im Restaurant Lungomare werden von Jahr zu Jahr besser, der sensationelle Ausblick von der großen Terrasse über die Kvarner Bucht sorgt sofort für das entsprechende Urlaubsgefühl. Die überaus freundliche und professionelle Art von Yosef, dem Ober-Kellner, verführt uns stets zu den besten Angeboten des Tages. Wir lieben hier ganz besonders das „schwarze" Risotto, den Salat mit Schafskäse, die gefüllte Pljeskavica, die gegrillten Calamari und jeden frischen Fisch.

Nach einem Törn geht es zum Abschluss dann meist noch in das kleine Restaurant in unserer Marina Admiral, „A&D". Ein ganz typisches, unscheinbares, auf den ersten Blick eher einfaches Hafen-Eckchen. Die Küche dort ist spezialisiert auf das Grillen fangfrischer Fische aus der Adria, leckerer Fleischgerichte und speziell von frischem Gemüse und Pilzen. Auch für Vegetarier bestens geeignet, einmalig lecker!

Der Grill ist im Freien und Sie können bei der Zubereitung direkt zuschauen. Die Inhaber sind stets freundlich und erfüllen jeden Wunsch des Gastes mit Ehrlichkeit und Hingabe. Wie eine große Familie erscheint hier das Publikum aus Seglern, anderen Freizeitkapitänen, Marina-Angestellten und Besuchern, die gerade eine Fahrt mit dem musikalisch begleiteten Ausflugsboot oder dem gelben Pseudo-U-Boot „Nemo" unternommen haben und in der richtigen Seemanns-Stimmung sind.

Abb. 4: Marina Admiral, Opatija / Quelle: Remisens Hotels

TAG 1

Gegen 10:00 Uhr wollen wir heute unseren Heimathafen, die Marina von Opatija verlassen. Genauer gesagt die Marina „Admiral". Es handelt sich dabei um einen kleinen, etwas in die Jahre gekommenen Hafen, eingebunden in eine recht ordentliche Hotelanlage, oberhalb der Promenade. Die Marina ist einfach und zweckmäßig, sie wird von seriösen, hilfsbereiten Marina-Angestellten geführt und verfügt über einen Aufzug für Autos direkt zum Hafen. Dies bringt den unglaublichen Luxus mit sich quasi unmittelbar neben dem Boot parken und entsprechend be- und entladen zu können.

Das dazu gehörende Vier-Sterne Hotel „Admiral" mit Swimmingpool, Spa und Restaurant hat gute Zimmer zu vernünftigen Preisen und ist auf jeder Etage mit Whirlpools ausgestattet. Diese befinden sich auf einer allgemein zugänglichen Terrasse mit einem wunderschönen Blick auf das Meer, weit über die Kvarner Bucht, bis hin zu den Inseln Krk und Cres. Im Hotel kann man sich vor einem Törn auch noch am üppigen Frühstücksbüffet für nur 70 Kuna pro Person (knapp 10 €) stärken.

Abb. 5: Hotel ADMIRAL, Opatija - Terrasse m. Whirlpool / Quelle: Eigenes Foto

Wir ziehen aber meist die Einfachheit des kleinen Hafen-Cafés „La Mare" vor, ebenfalls oberhalb der Marina, auf der Promenade, mit Blick in den Hafen.

Wir nennen das Café liebevoll und scherzhaft „Tosst!", weil sein netter und uriger Besitzer aus Bosnien das Wort so schön ausspricht.

Hier gibt es zum Frühstück eben einfach nur Toast, Kaffee oder Tee und völlig gratis „Hafenkino". Wie in einem Film lässt sich von hier aus das rege Treiben in der Marina beobachten.

Ein besonderes Vergnügen ist es dann zu verfolgen, wie z.B. eine frisch angekommene Charter-Crew das gemietete Boot übernimmt. Grundsätzlich muss man dazu sagen, dass hier sehr geduldige Profis ein äußerst komplexes System, genannt Segelschiff, an forsche Freizeitkapitäne übergeben. Meist recht schnell, oft schon beim Beladen des Bootes, zeigt sich dann, ob die Crew die sprichwörtliche „gute Seemannschaft" auch tatsächlich praktiziert oder nicht.

Zunächst ist die Freude auf beiden Seiten groß, dann wird die Reihenfolge der Übernahme besprochen. Die Damen stöhnen beim Anblick des geringen Stauraums und all der darin unterzubringenden Gegenstände. Die mitgebrachten Kosmetik-Koffer werden gleich als erstes entleert und umgehend wieder zurück zum Auto getragen, ebenso wie Mäntel und Jacken. Die Herren schleppen Vorräte an Lebensmitteln, Wasser, Bier und Wein unter Deck und dann, fast zum Schluss, rollen, bzw. zerren, die adretten Damen noch mittelgroße Hartschalenkoffer über den Steg.

Schon das Verbot von Straßenschuhen auf dem Boot wird oftmals staunend und unverständlich registriert, aber immerhin unter dem ernsten Blick des Eigners sofort akzeptiert. Die leeren Koffer werden dann, wie nicht anders zu erwarten, umgehend wieder zurück zum Auto gebracht - zu sperrig, kein Platz, nicht faltbar.

Der neue Charter-Skipper ist ungeduldig und abenteuerlustig, er will seiner Crew zeigen, was Segelurlaub bedeutet. Aber die Übergabe des Bootes dauert und dauert! Jedes Detail wird erklärt. Der Skipper, schon sichtlich genervt, kann alles, weiß alles, kennt sich bestens aus, hat natürlich alles schon ca. mindestens zwei bis dreimal gehört.

Der Vercharterer übt sich höflich in Geduld und gibt die Hoffnung nicht auf, doch noch ein wenig Respekt und Interesse zu erfahren. Er weiß nämlich ganz genau, wie wichtig jedes einzelne Detail hier nun einmal ist und kennt die möglichen Verkettungen von Umständen mit oft fatalen Folgen. Diesen unterhaltsamen Film können Sie auf alle Charter-Häfen eins zu eins übertragen, es ist immer ähnlich und immer wieder amüsant und komisch.

Was nun wirklich verstanden wurde, zeigt sich dann meist umgehend beim Auslaufen. Das Kabel für den Landstrom bleibt eingesteckt, ein Paar Schuhe stehen noch einsam und unbemerkt am Steg. Oder die Muringleine des Nachbarschiffes ist trotz Warnhinweis urplötzlich im Weg - zumindest so plötzlich, wie auch Weihnachten immer vor der Tür steht! Auch dazu gab es vorher meist einen gutgemeinten Hinweis des Einheimischen.

Schließlich gelingt mit Hilfe der benachbarten Crews die so perfekt geplante Ausfahrt aber dann doch noch, wenn auch etwas holpriger als vorgesehen. Die Arbeiter im Hafen, die gerade eine Yacht wiederherrichten, sind amüsiert - auf diese Weise werden sie nie arbeitslos, es gibt immer etwas zu reparieren.

Einige junge Damen stolzieren schnatternd zur Dusche, Hunde werden ausgeführt, die durchaus gepflegte Hafenkatze wartet auf etwas Essbares, Bootsbesitzer gestikulieren von Schiff zu Schiff und tauschen so ihre Erfahrungen sichtbar deutlich aus.

Der Besitzer unserer Café-Bar ist wie schon gesagt ein äußerst netter und gemütlicher Mensch, an sich schon entschleunigt, was sich irgendwie auch immer auf uns überträgt. Sein Kaffee und das Eis sind gut und sehr preiswert, das kostenlose Hafenkino dazu waren für uns genau der richtige Auftakt für unseren Törn

Perfekt! Um 10:05 Uhr verlassen wir mit unserer „Fidelio" ihren Liegeplatz im hinteren Teil der Marina.

Die SY Fidelio ist ein Segelboot des Typs "Sun Odyssey 37" (die 37 steht hier für die Länge in Fuß, d.h. knapp 12m). Gebaut wurde die Fidelio 1999 in der französischen Werft Jeanneau in der Bretagne. Und dies sagt die Werft selbst über unseren Liebling: "Die Sun Odyssey 37, die von Jacques Fauroux gezeichnet wurde, verbindet ideal Schönheit und Leistungsstärke. Diese treffende Charakteristik illustriert exakt die neue Linie der Jeanneau-Fahrtenyachten. Das markante Deck ist harmonisch nach dem neusten Decks-Design konzipiert. Die neuartig gestylten Sitzflächen auf den Süllrändern sind ideal für den Steuermann. Der Ballastkiel ist wichtig für die Leistungsstärke und sorgt für die nötige Steifheit. Die großzügige Takelage ermöglicht Ihnen, bei allen Wetterbedingungen zu segeln".

Diese Beschreibung ist zwar etwas schwülstig und bereits über siebzehn Jahre alt, trifft aber doch voll und ganz zu. Die Fidelio ist immer noch eine gepflegte, attraktive Dame im besten Alter - und wir sorgen auch entsprechend gut für sie.

Den Namen der Fidelio haben wir von Ihrem Vorbesitzer so übernommen (Das Umtaufen eines Schiffes bringt im Zweifelsfall nach seemännischem Aberglaube nämlich Unglück!). Es handelt sich hierbei natürlich um die Heldin der gleichnamigen Oper von Ludwig van Beethoven, die eigentlich Eleonore heißt, und die in unerschütterlicher Treue für Freiheit und Befreiung einsteht. Vor diesem Hintergrund ein absolut guter Name für ein Segelboot, finden wir jedenfalls.

Abb. 6: SY FIDELIO in der ACI Marina Cres, Frühjahr 2017 / Quelle: Eigenes Foto

Unser Ziel sind dieses Mal die weiter südlich in Dalmatien gelegenen Kornaten, ein sehr sehenswertes kleines Inselreich, unweit der Hafenstadt Zadar.

Vor dem Törn haben wir uns natürlich bereits bestens informiert, hier vorab einiges Wissenswertes auch schon für Sie: Die Kornaten wurden dank ihrer bizarren, seltenen Schönheit und in den achtziger Jahren des letzten Jahrhunderts zum Nationalpark erklärt und man benötigt dort zum Einfahren eine Art Vignette in Papierform, je nach Dauer für mehrere Tage buchbar, im Internet oder in Reisebüros. Für Yachten von 11-18 Meter werden für drei Tage 860 Kuna gezahlt (ca. € 120) und damit die Arbeit und Erhaltung des wunderbaren „Kornati Nacionalni Parks" unterstützt.

Die Vignette wird von Park-Rangers in kleinen Motorbooten beim Anlegen oder Festmachen stets kontrolliert, elektronisch und digital, hochmodern, mit Datum, Uhrzeit, Schiffsbezeichnung, Heimathafen und Schiffsname. Bojen, das wissen wir auch bereits, stehen hier nur sehr begrenzt zur Verfügung und die wenigen Ankerbuchten sind genau gekennzeichnet.

In der Saison gibt es kleine Konobas und bekannte, sehr gute Restaurants, in den zahlreichen, ansonsten eigentlich einsamen Buchten. Die Insellandschaft ist zartgrün, oft steinig und sehr mystisch. Sehr eigenwillig irgendwie einheitlich, sich sehr ähnelnd und doch ist bei genauer Betrachtung jede der 84 bis 120 Inseln anders - die genaue Anzahl wird unter Fachleuten immer noch diskutiert. Der ideale Ort die Entschleunigung zu steigern bis hin zu zeitlos.

Aber bis zu diesem Ziel sind es noch 5-6 Etappen und wir haben gerade die Erste gestartet und werden noch viel sehen, erleben und kosten dürfen.

Bei unserem jetzigen Kurs Richtung Süd-Ost bleibt es nicht aus die Kvarner Bucht einmal komplett zu überqueren, was bei gutem Wind aus nordöstlicher Richtung einen schönen Auftakt zum Segeln darstellt.

Die ersten Manöver wollen noch nicht so recht flott von der Hand gehen. Das Roll-Großsegel ist noch etwas behäbig und die Genua will auch noch nicht so recht läufig von der Rolle. Typisch, alles will wieder neu gehandhabt sein. Aber schon bald ist die Freude über die perfekt, weit über unseren Köpfen stehenden Segel groß und erfüllt uns, so wie wohl jeden Segler, immer wieder mit ein wenig Stolz.

An dieser Stelle möchte ich auch gleich noch einen Brauch unter Seglern vorstellen: Bei uns an Bord - und auch auf vielen anderen Booten - ist es üblich die „Captain's Hour" zu zelebrieren, sobald am Tag die Segel erstmalig voll stehen. Dies findet meist so kurz vor Mittag statt. Etwas Alkoholisches, Schnaps, oder am besten natürlich das traditionelle Seefahrergetränk Rum, wird in kleine Gläschen gefüllt und die Crew wird an Deck versammelt. Der Skipper richtet sich zum Heck des Schiffes und rezitiert seine immer ganz eigene und persönliche Beschwörungsformel, z.B.: „Götter des Meeres, des Windes, Schutzpatrone der Seefahrer, beschert uns eine glückliche Fahrt und Heimkehr, seid uns gnädig und lasst uns stets eine Handbreit Wasser unter dem Kiel!".

Mit diesen Worten wird ein Schluck des Getränkes als Opfergabe an alle Angesprochenen ins Meer gegeben. Die Crew stößt ebenfalls andächtig miteinander an und alle werden sich für einen Moment des möglichen Ernstes der Situation - ob dieser einmal kommen mag oder auch nicht - bewusst. Natürlich ist all dies nur ein großer Spaß und Teil des historischen seemännischen Aberglaubens, für mich ist es aber auch einfach ein kleines Zeichen der Ehrfurcht vor dieser unbändigen Kraft der Natur und der Dankbarkeit ein Teil davon sein zur dürfen. Erleben Sie es doch einmal selbst!

Abb. 7: SY FIDELIO unter Segeln / Quelle: Eigenes Foto

Schon bald gesellen sich für einige Augenblicke die ersten Delphine zu unserem Boot und wir sind überglücklich und bereits nach so wenigen Minuten erstmals entspannt, alleine unter surrenden Segeln, an der Seite dieser quirligen Meeresbewohner.

Abb. 8: Delphine auf der Kvarner Bucht / Quelle: Eigenes Foto

Der Blick nach Südosten lässt hier schon das sich noch unendlich weit in diese Richtung erstreckende kroatische Inselreich erahnen, wirklich unglaublich vielseitig und sensationell schön. Im Hintergrund, auf dem Festland, erhebt sich, ähnlich einer Kulisse, das äußerst imposante Velebit-Massiv. Schon seit den achtziger Jahren ein Naturschutzgebiet, erstreckt sich dieser Gebirgsrücken über 145 km entlang der Küste der kroatischen Nordadria. Der Velebit bildet eine Klimabarriere zwischen Land und Meer, einige Gipfel sind über zweitausend Meter hoch. Schon von weitem erkennbar ist das Gestein, meist schroff und von hellgrauem Kalkstein.

Die Vegetation des Velebit ist wegen des berühmt, berüchtigten Fallwindes, der Bora, die hier ihren meteorlogischen Ursprung hat, an der Küstenseite sehr spärlich bis völlig steinig. In aller Segler-Munde ist auch der Velebitzki-Kanal, die Wasserstraße zwischen den vorgelagerten Inseln und dem Festland. Hier kann sich der Wind auch bei eigentlich ganz normalen Wetterverhältnissen schnell und unerwartet bis zur Orkanstärke steigern.

Zwischen den großen Inseln Krk und Cres finden wir eine ruhige Bucht auf der kleinen, unbewohnten Insel Plavnik. Diese lädt uns zum Ackern und Schwimmen ein und eben auch zum Essen.

Abb. 9: Insel Plavnik / Quelle: Eigenes Foto

Hier legt jeden Morgen ein kleines Fährschiff an, um Touristen auf dieses naturbelassene Eiland zu bringen. Sie wandern über die Hügel bis zu einem alten Kloster, um sich dort mit einem Picknick zu stärken.

Dabei genießen sie die Stille, die nur durch das Blöken der freilaufenden Schafe unterbrochen wird, und treten am Nachmittag ihren Rückweg zu dem kleinen Kai an, wo sie dasselbe Schiff wieder zum Festland bringt. Sie haben eben einfach Urlaub, würde ich vermuten!

So, nun geht es aber los mit der Zubereitung des ersten Salates, einem Snack zur Mittagszeit an Bord unserer Fidelio.

1. SALAT „PLAVNIK" - FÜR 4 PERSONEN

Zutaten:
Ein halber Kopfsalat (oder sonst etwas Grünes). ½ Fenchelknolle, ½ gelbe Paprika, ½ Salatgurke, 2-3 sonnengereifte Tomaten. 4 Champignons (braun oder weiß, was der Markt bietet), 1 Zwiebel, 2-3 Knoblauchzehen, Petersilie, frischer Ingwer, etwa 1-2 cm davon. Wenn zur Hand etwas Schafskäse, gerne „President" von Salakis, erhältlich auch in kleinen kroatischen Supermärkten. Er ist zartschmelzend, cremig und nicht zu intensiv.

Zubereitung:
Salat und Gemüse waschen, Salat zerzupfen, Gemüse und Käse in Würfel (1-2cm) schneiden, Champignons in Scheiben, Zwiebeln, Knoblauch und Ingwer schälen und in wirklich mini-kleine Würfelchen schneiden. Alle Zutaten in eine Schüssel geben und mit drei Esslöffel weißem Balsamico Essig, zwei Esslöffel kroatischem, kaltgepresstem Oliven-Öl mischen. Nun noch etwas frisch gemahlener Pfeffer und etwas Salz, würzen und zum Abschluss den Saft einer ausgepressten Zitrone darüber verteilen. Noch einmal durchmischen, fertig!

Abb. 10: Salat „Plavnik" / Quelle: Eigenes Foto

Dazu gibt es frisches Weißbrot mit Bakalar, einer Spezialität, die in den meisten Ländern rund um das Mittelmeer zu finden ist. Es handelt sich dabei um Stockfisch aus Klippfisch / Kabeljau, der durch Trocknung haltbar gemacht wurde, um dann zu gegebener Zeit auf vielfältige Weise wieder zubereitet zu werden.

In Dalmatien gehört der Bakalar zu den katholischen Fastenspeisen. Insbesondere an Heiligabend dient er hier als traditionelle Speise und wird dann in Form eines Eintopfes zubereitet. Bakalar gibt es heute, bereits verarbeitet, als Konserve, in eigentlich jedem Supermarkt. Von uns wurde er entdeckt in den urigen Markthallen von Opatija, auf dem Fischmarkt. Es ist dann eine weißliche, etwas fädige, nur ganz leicht nach Fisch riechende Paste, zu verwenden als leckeren Brotaufstrich. Butter benötigen Sie dazu nicht.

Dekoriert wird der Bakalar mit hauchdünn geschnittenen, frischen Zitronenscheiben. Mmh, salzig und sauer, ein Gegenspiel auf der Zunge und ein Genuss von Liebe, Luft und mehr!

Nach einem Bad im Meer dann auch noch frisch abgekühlt, gesättigt und zufrieden geht unsere Fahrt weiter nach Süden. Unser erstes Etappenziel zur Nacht ist die sogenannte „Fünf-Finger-Bucht", nahe der Südspitze der Insel Cres.

Auf dem Weg dorthin beobachten wir zwei Fischerboote, die von einem Heer an Seevögeln, meist sind es unterschiedliche Möwenarten und Kormorane, wahrlich in Beschlag genommen werden. Es ist ein interessantes Schauspiel und der herzliche Gruß des fleißigen Fischers bestätigt uns die von ihm ausgehende Zufriedenheit mit dem heutigen Fang.

Abb. 11: Fischer vor Cres /Quelle: Eigenes Foto

Die Bucht „Kolorat", die erste und ruhigste in der Fünf-Finger-Bucht, wird von uns angesteuert. Hier gibt es ein angenehmes Bojen-Feld und kaum festgemacht, kommt auch schon das zuständige Ehepaar mit seinem kleinen Motorboot herangetuckert. Freundlich und hilfsbereit den Müll zu entsorgen, eine mögliche Einkaufsbestellung aufzunehmen und natürlich die Pacht von 134 Kuna einzustreichen. Der Preis richtet sich nach der Größe des Schiffes und natürlich auch etwas nach dem wohlwollenden Auge des Betrachters.

Das Wasser ist hier, wie fast überall, sehr klar und angenehm frisch. Eine Vielzahl von Fischen versammelt sich sofort neugierig um die Fidelio. Es scheint, als ob sie auf eine kleine Zuwendung in Form von getrocknetem Brot geradezu schon warten würden. Es ist für uns immer wieder ein Highlight, es mit diesen Lebewesen zu teilen.

Eine Angelausrüstung führen wir nicht mit an Bord, die Beobachtung der Meeresfauna ist uns Freude genug. Den Fang und die Zubereitung überlassen wir gerne den versierten Fischern und Köchen, die sich damit ihren Lebensunterhalt verdienen und die darin die wahren Experten um und auf der kroatischen Adria sind.

Die Abendsonne taucht das Meer, die Felsen und den niedrigen Wald in ein angenehmes, warmes Licht. Ein wunderschönes Farbenspiel, welches bereits von so vielen Malern geliebt und auf Leinwand gezaubert wurde. Die wohlverdiente Ruhe und Entspannung nach einem wunderbaren Tag setzt nun ein.

Aber auch das Abendessen ist bereits geplant und wird nun voller Freude in die Tat umgesetzt:

2. PASTA „KOLORAT" - FÜR 4 PERSONEN

Zutaten:
500g Farfalle, auch Schmetterlingsnudeln genannt, ein Zweig frischer Thymian, 400g Champignons, ½ gelbe Paprika, 1 Möhre, 1 Zwiebel, 3 Zehen Knoblauch, 1 cm Ingwer, 100ml Malvazija (Weißwein) und etwas Milch oder Sahne, und natürlich Olivenöl und Parmesankäse.

Als Vorspeise gibt es heute Melone mit Schinken aus Istrien, genannt „Pršut". Pršut wird in Kroatien mit viel Stolz angeboten und kann zurecht mit allen italienischen Rohschinkensorten seiner Art mithalten.

Pršut ist nicht geräuchert oder mit Nitraten versetzt, er trocknet ca. fünf Monate an der Luft, z.B. auf der Halbinsel Istrien, und reift noch weitere zwölf Monate vor seinem Verkauf. Das Rezept? In etwa so: Eine besondere Kräutermischung, geheim natürlich, Meersalz, allerbestes Fleisch und dann von der Bora luftgetrocknet.

Ach ja, die Bora! Dieser Begriff ist bei allen Seglern und Anwohnern der Adriaküste ständig präsent und deshalb an dieser Stelle einen weiteren Exkurs wert – die Melonen werden ja nicht kalt...

Bora (oder Bura, wie die Kroaten sagen), bezeichnet einen trocknen, kalten und sehr böigen Fallwind, vom dem sogar Karl Marx (ja, richtig, der mit dem „Kapital", nicht Karl May), schon 1857 ein zutreffendes Bild entwarf:

„Die Bora, der große Störenfried dieses Meeres, erhebt sich stets ohne das kleinste Warnungszeichen; mit der Gewalt eines Tornados überfällt sie die Seeleute und gestattet nur dem Kühnsten auf Deck zu bleiben. Manchmal tobt sie wochenlang und am heftigsten zwischen der Bucht von Cattaro und dem Südende von Istrien". [1]

Bora-Winde entstehen aus starken, wandernden Kaltluftfronten aus den Polar-Regionen, die am Boden dann als nördliche oder nordöstliche Windströmungen in Erscheinung treten. Mit ihrer Häufigkeit und ihren hohen Durchschnittsgeschwindigkeiten gehört die Bora zu den stärksten Winden der Welt. Einzelne Böen können Spitzengeschwindigkeiten von bis zu 250 km/h erreichen. [2] Für Segler ist die Bora ein schwer berechenbares und deshalb auch durchweg gefürchtetes Wetter-Phänomen.

Der Legende nach handelt es sich beim Wind der Bora aber um etwas viel Romantischeres - nämlich um das Wehklagen einer schönen und jungen Frau! Sie lobte ihre eigene Schönheit immer wieder so sehr, dass Gott sie wegen ihres Hochmuts letztlich mit einem tödlichen Blitzschlag strafte.

Die Legende sagt weiter, dass nun jedes Mal, wenn eine andere Frau die gleiche Sünde begeht, Frau Bora bitterlich aufstöhnt, und ihre Seufzer zu diesem kalten, starken Wind aus Nordost, werden lässt – und der nun genau

---

[1] Karl Marx: The Maritime Commerce of Austria. In: New-York Daily Tribune. Nr. 5082, 4. August 1857

[2] Wikipedia: https://de.wikip dia.org/wiki/Bora_(Wind)

auch die Delikatesse des Pršut ausmacht! Und womit wir endlich wieder beim Essen wären…

In dünnen, hochroten Scheiben, zu sonnengereifter orangener Melone oder Weißbrot, zergeht der Pršut auf der Zunge und betäubt mit seinem unverwechselbaren Duft nach Lorbeeren, Pfeffer, Bora und Meer. Der Pršut aus Istrien ist als geografische Herkunftsbezeichnung gesetzlich geschützt und darf nur mindestens 12 km vom Meer entfernt hergestellt werden.

Abb. 10: Pršut aus Istrien /Quelle: Eigenes Foto

Zubereitung der Pasta
Wasser mit Salz und dem Thymianzweig zum Kochen bringen. Die Pasta bissfest garen, abgießen und zugedeckt stehen lassen. Im gleichen Topf - die Feuerstellen auf einem Segelboot sind sehr begrenzt - nun Zwiebeln, Knoblauch, Ingwer in kleinen Würfelchen mit Olivenöl andünsten. Mit Weißwein ablöschen, Gemüse in feine Scheiben schneiden, kurz darin garen, mit Pfeffer würzen, Nudeln

dazu, mit Milch, Sahne, etwas Olivenöl und Pfeffer ab-
schmecken, mit Parmesan oder einem frisch geriebenen
Hartkäse bestreuen und schnell servieren.

Dazu trinken wir einen kroatischen Weißwein mit dem
melodischen Namen „Malvazija", über den ich an dieser
Stelle nun auch gerne noch etwas mehr berichten möchte:

MALVAZIJA, EIN WEIN MIT GESCHICHTE

An der Pfälzer Weinstraße geboren, aufgewachsen zwischen Saar, Mosel und Rhein, waren wir fast genetisch
bedingt schon seit langem Weinliebhaber. Über zwölf
Jahre lang wurden wir dann an der Nahe und im Rhein-
hessischen noch zusätzlich önologisch fortgebildet und
verwöhnt. Unsere langjährige, sehr enge Freundschaft
zur außergewöhnlichen Winzerfamilie Poss aus Windes-
heim/Nahe erweiterte unser Wissen und unseren Horizont über Wein immens. Karl-Hans und Martha schulten
uns intensiv in Sachen Geschmack, Reinheit und Güte.
Natürliche und handverlesene Burgundertrauben, liebevoll zu Cuvées für die gehobene Gastronomie verarbeitet, durften wir hier verkosteten und beurteilen.

Selbstverständlich waren wir in Sachen Wein immer
schon auch international aufgestellt und haben mit großem Interesse und Vergnügen z.B. zahlreiche große La-
gen aus Bordeaux und dem Burgund verkostet. Portugal,
Malta, Spanien, Italien, Zypern, Israel, Australien, Griechenland, Österreich, USA und die Schweiz sind Länder,
in denen wir Wein schon probiert und auch meist genossen haben.

Stets auf der Suche nach Individualität und natürlich auch Qualität, waren wir zunächst überrascht und dann hocherfreut, diese so vielfältige Rebe des Malvazija nun hier in Kroatien gefunden zu haben.

Der Malvazija geht geschichtlich weit zurück bis zur Antike. Sein Name leitet sich von der Stadt Monemvasia, auf dem Peloponnes in Griechenland ab. Die Rebe gedeiht am besten auf trockenem, kargem und steinigen Boden. Wegen ihrer Anfälligkeit für Mehltau wurde sie stets weiterentwickelt und so kommt es, dass heute in Kroatien über 200 verschiedene Malvazija Unterarten zu finden sind. Jedes Familienweingut kultiviert seine eigene, meist über hundert Jahre alte Sorte, und ist damit absolut authentisch und einzigartig. Ob direkt an der Adria oder etwas im Landesinneren, immer entsteht daraus ein neuer Geschmack, ein anderer Wein.

Goldgelb glänzt der Malvazija im Glas, er hat eine leichte Säure, die ihm Frische verleiht, er ist nicht kompliziert, er schmeckt nach Traube und Meer. In Kroatien wird er überwiegend trocken ausgebaut, behält dabei eine gewisse natürliche Süße, manchmal an Met erinnernd.

Malvazija schmeckt hervorragend zu Fisch, gegrilltem Gemüse und auch einfach nur so. Es gibt aber auch eine wirklich süße, aromatische Variante des Malvazija, die als Dessertwein zu verwenden ist. Der bekannteste Herstellungsort dazu ist aber weit von der Adria entfernt und heißt - Madeira!

Besonders gerne mögen wir den Malvazija aus dem Weingut Kozlović, in der Nähe von Umag, auf Istrien.

Sie finden Malvazija überall in Istrien auch als offenen Wein. In den beliebten kroatischen Tavernen, den Konobas, wird er gekühlt und frisch serviert. Kurz, ein Wein, wie er im Urlaub munden muss.

Da die Veröffentlichung dieser Zeilen etwas Zeit in Anspruch genommen hat und wir einige Wochen später wieder an einem wunderschönen Tag in genau dieser Bucht zu liegen kamen, hier noch ein weiteres leckeres Rezept von genau dieser Stelle. Die besagte Bora zwang uns wieder eine sichere Stelle zu suchen, bestmöglich an einer Boje. Was lag da näher, als diesen ruhigen Ort einfach noch einmal anzusteuern?

Das bekannte Ehepaar begrüßte uns, wie bereits einige Wochen zuvor auf seinem kleinen Motorboot und stellte die Länge der Fidelio auf genau 11 Meter fest und verlangte exakt 134 Kuna. Müll hatten wir diesmal keinen, wir achten darauf wenig Verpackung an Bord zu benutzen. Alles ganz ehrlich und korrekt und wirklich vertraut.

Getreu dem Motto: "Pasta Kolorat" gibt es das Gericht hier nun deshalb in der Version II.

Interessanterweise sind diese beiden Variationen mit ähnlicher Geschmacksrichtung, ich glaube fast der Duft aus den umliegenden Wäldern nach Kräutern, Pinien, frischem Grün und Mineralien weckt diese Sinne, um der Zunge zu schmeicheln.

3. PASTA „KOLORAT" II - FÜR DREI PERSONEN.

Zutaten:
300 g gemischtes, frisches Hackfleisch, wegen Zeitmangel und Feiertag aus dem Kühlschrank des Supermarktes, 500g Spaghetti, egal welcher Dicke, wir nehmen zu Fleischvariationen gerne die Nr. 5, dieser italienischen Sorte, Sie wissen schon..., 1 kleine Zwiebel, 5 Zehen Knoblauch, 1 cm frischer Ingwer, 1 Teelöffel Korianderkörner, 1 Teelöffel kroatisches Paprikapulver, Pfeffer und Salz gemahlen, Oregano und Basilikum heute nur getrocknet, Olivenöl.

Zubereitung:
Zwiebel, Knoblauch, Ingwer winzig kleinschneiden, alle Gewürze und Kräuter dazu, mit 4 Esslöffel Olivenöl vermischen und diese Mischung mindestens 3-4 h ziehen lassen. Das Hackfleisch in etwas Olivenöl anbraten, die Gewürzmischung dazu, das Ganze nach kurzer Zeit mit Rotwein ablöschen und 10 Minuten einkochen lassen. 500 g Spaghetti al dente kochen, die Soße separat dazu reichen, mit frischgeriebenem kroatischen Hartkäse überstreuen, noch etwas geraspelten, frischen Rosmarin darüber und den Rest des eher einfachen Rotweines im Glas dazu genießen.

Während draußen auf dem offenen Meer die Bora wieder einmal heftig seufzen musste, fühlten wir uns geborgen und wieder einmal sehr glücklich in diesem Land der immer wieder neu zu entdeckenden Buchten. Es zeigt sich trotz, oder gerade wegen des Windes, ein klarer, wunderschöner Sternenhimmel.

Mittelpunkt war der Mond als winzige Sichel, bereit uns in den nächsten Nächten mit seinem immer heller werdenden Licht zu leuchten. Unsere Gedanken kreisten völlig frei um den so verflossenen Tag, den Wind und das Meer, voller Ruhe und Entspannung.

Es bereitet mir unglaubliche Freude diese Zeilen zu schreiben. Das liegt unter anderem auch daran, dass mir selten bis eigentlich nie langweilig wird. In Momenten der Entspannung und Gelassenheit kreisen meine Gedanken immer um neue Ideen, ich lebe in meinen Träumen und bin stets aufs Neue kreativ und auch ein wenig verrückt in der Vorstellung das Erdachte irgendwie umzusetzen.

Aber zurück zur eigentlichen Geschichte, unserem ersten Törn in Richtung Kornaten - Erwachen in besagter Kolorat Bucht!

TAG 2

Am nächsten Morgen wird bei herrlichem Sonnenschein gleich nach dem Aufstehen eine Runde im tiefblauen, klaren Meer geschwommen, während das Kaffee- oder Teewasser kocht. Ein Ritual, welches wir uns nur sehr, sehr selten nehmen lassen. Ich nenne es liebevoll „Meeres-Wellness", das Wasser hat hier Mitte Mai bereits fast 20 Grad Celsius und Vater Kneipp wäre begeistert.

Nach einem eher einfachen Frühstück mit Naturjoghurt, Honig und Haferflocken werden wieder einmal die zahlreichen Fische mit Brot gefüttert und einige Möwen fühlen sich ebenfalls dazu eingeladen.

Bei Bootsbesitzern sind diese äußerst hübschen Geschöpfe allerdings eher unbeliebt. Diese Abneigung beruht wohl auf der äußerst hohen Wahrscheinlichkeit bei der Nahrungsaufnahme von einer aus einer entgegengesetzten Öffnung herausfallenden Substanz getroffen zu werden...

Ich jedoch bin sehr zuversichtlich, taufe die Tiere auf Namen wie Bruno oder Oskar und amüsiere mich darüber, wie zutraulich sie sich die Brotstücke im Flügelstand aus der Luft schnappen. Und Hoppla - jetzt wurde dann aber doch das Beiboot getroffen!

Ich ernte einen ernsten Blick des Skippers und beschließe, mich geschickt unter Deck zurückzuziehen, um segeltaugliche Kleidung und meine Bootsschuhe anzuziehen.

Abb. 10: Bruno, Oskar & Co. / Quelle: Eigenes Foto

„Klar zum Ablegen?", fragt der Skipper. „Ist klar!" lautet meine Antwort.

Diese kurze, knappe Antwort bedeutet inhaltlich sehr viel – nämlich, dass alles Bewegliche unter Deck verstaut ist, alle Türen sind eingehakt, ebenso Schränke und Fächer. Die Instrumenten-Abdeckungen sind entfernt, das Ankerlicht ist aus, die Badeleiter ist eingezogen. Alle Luken sind verschlossen, das Segelzubehör, z.B. Winsch-Kurbeln, Handschuhe und frisches Mineralwasser, ist an Deck.

Der Motor ist warm, das Beiboot positioniert. Funk- und Navigationsgeräte sind an, der Skipper ist am Ruder und erst dann erteilt er den Befehl: „Leine los!" Und ich dann laut und deutlich „Ist los!"

Ja, ja, denken Sie nur „übertriebene, deutsche Gründlichkeit" - das alles machen Sie hundertmal und doch ist immer wieder schnell etwas vergessen, was leichte oder auch verheerende Folgen haben kann. Wir konnten einmal beobachten, wie ein eigentlich perfektes Ablege-Manöver im Hafen daran scheiterte, dass das Kabel mit dem Landstrom noch um den Verteilerkasten lag. Rumms, der Knall, als der Kasten kippte war nicht zu überhören und auch nicht ganz preiswert.

Bei uns lief heute alles glatt und wir steuerten unser nächstes Ziel an, das Fischerdorf Ilovik auf der gleichnamigen Insel. Zwar nur zwölf Seemeilen entfernt, aber hübsch anzusehen und gerade die richtige Entfernung für den mittäglichen Salat.

4. ORANGEN - FENCHELSALAT „ILOVIK" -
FÜR 4 PERSONEN

Zutaten:
Wer hätte es gedacht? Zwei frische Orangen, eine Knolle Fenchelgemüse. Olivenöl, Feigenessig, Meersalz, Pfeffer.

Zubereitung:
Orangen filetieren - dazu Orange aufstellen und mit einem scharfen Messer rings herum die Schale von oben nach unten abschneiden, nicht schälen, schneiden, mindestens 1 cm dick. Nun über eine Schüssel halten und rechts und links in das Fruchtfleisch schneiden, bis zur Mitte in Form eines Keiles. Das Filet trennt sich ganz leicht heraus. Den Fenchel waschen und halbieren und in ganz feine halbe Ringe schneiden, das Grün kann mit dazu. Nun mit Salz, Pfeffer, Olivenöl und Feigenessig marinieren, umrühren und etwas durchziehen lassen.

Dazu gibt es Bruschetta nach Art der Insel Ilovik: Weißbrotscheiben, ca. 1cm dick, dünn mit Butter bestreichen, darauf hauchdünne Knoblauchscheiben und eingelegte Anchovis drapieren, auf einem Bett von Rucola anrichten und etwas Olivenöl darüber träufeln. Statt Anchovis können Sie auch frische, sonnengereifte Tomatenscheiben nehmen. Etwas frischen oder getrockneten Basilikum darüber streuen, fertig.

Und als kleine Beigabe: Oliven gefüllt mit Schafskäse von der Insel Pag. Diese gibt es auf den Märkten oder in kleinen unscheinbaren Geschäften.

Diese Läden wirken zunächst etwas touristisch, aber auf den zweiten Blick erkennt man schnell, dass es dort vernünftige einheimische Produkte gibt, hübsch hergerichtet halt, natürlich für Touristen, aber original und gut.

Dort oder in kleinen Weingeschäften gibt es auch das gute kroatische Olivenöl und eher selten meinen geliebten Feigenessig. Handgemacht und ganz speziell. Ein kleiner Tipp: Verschenken Sie es an Freunde zu Hause, es ist nicht so en vogue wie das allgemein bekannte italienische Olivenöl, „extra vergine", aber es ist garantiert nicht gepanscht und zu dem noch vergleichsweise günstig. Seine Farbe sollte tief gelb bis grünlich sein, der Nachgeschmack leicht scharf und es sollte möglichst in einer abgedunkelten Flasche verpackt sein.

Sollten Sie weder Fenchel noch Orangen mögen, dann gibt es hier noch eine von uns sehr geschätzte Kartoffel-Thunfisch-Leckerei, die ich später in einer weiteren Ankerbucht sicherlich auch noch zubereiten werde.

Die Pellkartoffeln für diese neue kulinarische Kombination von Land und Meer wurden bereits während des Frühstücks gekocht und geschält. In einer Plastikschüssel lassen sie sich auch bei großer Hitze gut bis zum Mittag oder Abend aufheben.

5. „KARTOFFELN & MEER" – FÜR VIER PERSONEN

Zutaten:
4-5 kalte Pellkartoffel, 1-2 frische Thunfischsteak (300-400g) vom Fischmarkt, etwas Rucola, 2 Tomaten, jeweils eine halbe Dose rote Bohnen und gelben Mais. 1 Zwiebel,

3 Zehen Knoblauch, Koriandergrün, Petersilie und Zitronensaft von 2-3 Zitronen, Olivenöl. Meersalz und schwarzer, frisch gemahlener Pfeffer.

Zubereitung:
Festkochende Kartoffeln garen, ich koche gleich 2 kg, denn ich werde zu anderen Rezepten sicherlich noch welche benötigen und gekocht lassen sie sich im Kühlschrank für ein paar Tage frischhalten. Thunfischsteak beidseitig kurz, etwa 3-4 Minuten pro Seite, anbraten, pfeffern, mit Zitronensaft beträufeln und abkühlen lassen. Später beides, Kartoffel und Fisch in mundgerechte Würfel schneiden. Zwiebel in Ringe schneiden, Tomaten in Würfel, Mais und Bohnen öffnen und bitte die Brühe abgießen und verwerfen! Unter fließendem Wasserabspülen, mit den anderen Zutaten mischen.

Marinade:
Knoblauch pressen, Ingwer in kleinste Stücke schneiden, frischer Koriander und frische dunkelgrüne Petersilie ebenfalls sehr klein schneiden, mit Zitronensaft und Olivenöl vermischen, mit Meersalz und Pfeffer abschmecken, unterrühren und ca. 30 Minuten ziehen lassen. Als Letztes eine Hand voll gewaschener zerpflückter Rucola unterheben – fertig.

Dazu passt Fladenbrot. Natur, mit Sesam oder wir lieben es mit schwarzem Kümmel. Es hält sich gut an Bord und ist eigentlich genau so landestypisch wie bei den angrenzenden europäischen Nachbarn. In ca. 10 cm große Stücke geschnitten lässt es sich hervorragend kurz in der Pfanne nach dem Thunfisch braten, etwas erwärmen und aromatisieren.

So erspart man sich auch gleich noch das Ausspülen der Pfanne. Der Abwasch an Bord erfolgt immer sofort, dann klebt nichts an. Ein paar Spritzer biologisches Spülmittel und das warme Wasser an Bord sehr sparsam verwenden. Einige Bootsbesitzer spülen im Meer, auch gut, ich benötige aber etwas Frischwasser dazu.

Nach jedem Mittagessen gibt es außerdem einen auf dem Gasherd handgemachten Espresso, mit einigen Stückchen Schokolade, belgische Zartbitterschokolade, feinherb und zartschmelzend.

Dann Siesta, wie überall am Mittelmeer. Ein ruhiges schattiges Plätzchen suchen, dreißig Minuten die Augen zu und gedanklich entschwinden in die tiefe Seele des Körpers, Erholung pur. Geweckt wird man dann zum Beispiel von einer vertrauten Stimme aus dem Funkgerät – dem mittäglichen Wetterbericht der Küstenfunkstation Radio Rijeka.

Diese Berichte sind ernstzunehmende Begleiter eines jeden Segeltörns, besonders in Kroatien. Und es ist immer wieder ein Phänomen. Da scheint alles friedlich und plötzlich, ohne Vorankündigung - außer man hört auf den besagten Bericht - bläst der Wind mit Macht aus einer anderen Richtung. Denkt man zunächst nur an eine kurze Böe, wird einem schnell klar, dies ist nicht kurz und einmalig, sondern wird zunehmend bedrohlicher und unberechenbarer.

Rasch reagiert das Meer darauf und die Gischt zwingt einen bei noch so blauem Himmel in wetterfeste Kleidung und oft sogar in die Rettungsweste.

Durchaus angenehm bei der Vorstellung des luftgetrockneten Pršut, ist die berüchtigte Bora für Skipper aber eine wirklich ernste Ansage.

Ihr ebenso stürmischer Gefährte nennt sich hier „Jugo", kommt aber stets aus Süden, und ist warm und feucht. Seinen Ursprung hat der Jugo als Scirocco über der Sahara.

Und genau dieser Kamerad wurde uns in Sturmstärke während der mittäglichen Siesta über Funk auf Kanal 16 von Radio Rijeka mit dem Hinweis: "Sécurité, Sécurité, Sécurité" sehr deutlich angekündigt.

Nun, es fing zunächst ganz harmlos an, ein paar Böen aus südlicher Richtung und schon begann unser Boot an der Boje zu schaukeln. Wir beschlossen deshalb einfach an Ort und Stelle zu bleiben, was auch der Betreiber des Bojen-Feldes zur Kenntnis nahm und uns gleich um 174 Kuna Liegeplatzgebühr erleichterte.

Noch einmal ins Meer zur Reinigung von Körper und Geist, denn bald schon wird uns nicht mehr nach Schwimmen zumute sein. Die sichere Boje schon am Mittag ergattert, konnten wir nun beobachten, dass sich immer mehr Boote in das etwas beengte Bojenfeld drängten.

Die zwei kleinen Restaurants am Hafen boten Fährdienste an oder das Dingi (Beiboot) wurde zu Wasser gelassen und man fuhr selbständig zum vielversprechenden Restaurantbesuch an Land.

Nicht so auf der Fidelio. Hier wurde bereits das abendliche Ankerbier bereitgestellt, eine Flasche Malvazija gekühlt und der Gashahn geöffnet. Ein Blick in den Bordkühlschrank empfahl die Verwertung frischer Lebensmittel, wie Gemüse und Käse, heute auf Wunsch des Skippers mit Reis. Was lag also näher als die Zubereitung eines speziellen „Risotto Jugo".

Ein gut gefüllter, jedoch nicht überfüllter Magen, ist bei dem an dieser Stelle der Insel eindringenden Schwell des Meeres genau die richtige Entscheidung.

6. RISOTTO „JUGO" – FÜR VIER PERSONEN

Zutaten:
300g Risotto Reis, 300-500g frische Champignons, eine Zwiebel, eine Karotte, frisch geriebener Parmesankäse oder ähnlicher Hartkäse, 2 Esslöffel Butter, Olivenöl, Weißwein, besagter Malvazija, oder in unserem Fall diesmal italienischer Lugana - der fand sich noch verstaut in der Bilge und wirkte zwischen all dem kroatischen Malvazija ein wenig verloren, er sollte deshalb lieber ins Risotto verschwinden - Salz, Pfeffer aus der Mühle, Muskat und etwas Gemüsebrühe.

Zubereitung:
Butter und etwas Olivenöl langsam erhitzen, den trockenen Reis unterrühren etwas glasig werden lassen, kleingeschnittene Zwiebelwürfel dazugeben und rühren, 100 ml Gemüsebrühe langsam angießen, etwas Parmesan dazu und rühren, nichts wird braun, nichts hängt an! Bevor Sie ihn ausgetrunken haben - 100 ml Weißwein während des Rührens angießen und rühren, rühren, rühren! Nach ca.

10 Minuten auf mittlerer Flamme die Champignons und die winzig kleingehackte Karotte dazugeben und rühren, rühren, rühren. Wieder etwas Parmesan, Brühe und ... rühren! Jetzt etwas Salz, nur wenig wegen des salzigen Käses, Pfeffer, Muskat, nur ein Hauch, und rühren. Noch etwas Wein, Parmesan und rühren...! Nach ca. 25 Minuten rühren und angießen ist das Risotto servierfähig.

Öffnen Sie nun aber lieber doch noch eine zweite Flasche Wein, die erste ist dem „Risotto Jugo" ja fast komplett zum Opfer gefallen.

Jetzt danken Sie dem Skipper für die Entscheidung sicher an der Boje liegen zu dürfen, während der Wind bedrohlich zunimmt und das Meer in dieser kanal-ähnlichen Bucht noch heftiger zu schaukeln beginnt.

Genießen Sie in Liebe und Hingabe an die Natur die mystische, nächtliche Stimmung, das Meer, die Luft und das Risotto. Es sind genau diese Momente im Leben, die uns zeigen, wie unwichtig wir eigentlich sind, ein Nichts in den Wellen. Wie schön ist dann der Genuss dieser eigentlich einfachen Mahlzeit.

Tag 3

Zunächst erholsames Erwachen mit der Tatsache, dass sich die Situation nicht wesentlich verschlechtert hat. Aber auch mit der Erkenntnis, dass sie sich nicht wirklich verbessert hat. Dies bestätigt auch der morgendliche Wetterbericht. Es ist nicht zu glauben, mit der Präzision einer auf die Stunde genauen Wetterwarnung begrüßt uns mal wieder Radio Rijeka. Ab ca. 09:00 Uhr UTC wird der Wind auf Nordost drehen und dann seufzt mal wieder die Bora. Es wird erheblich kühler werden, mal eben 10 Grad weniger, und am frühen Abend wird es mit Sicherheit mehrere heftige Gewitter geben. Mit Sturmböen bis zu 7 Beauforts, Wind und Regen war zu rechnen.

Mein erster Gedanke war: Wo sind denn schon wieder all diese eitlen Frauenzimmer, die diesen Zorn hervorgerufen haben? Meine Vermutung war nur, dass sie im Moment sicherlich nicht auf der Adria zwischen Lošinj und Ilovik waren!

Sicherheit vor Abenteuer lautet die Devise, Routenänderung und wir verlassen mit bekanntem Manöver des Ablegens die Boje vor Ilovik. Mali Lošinj könnte unser nächstes Ziel sein, völlig geschützt, tief in einer Bucht mit angrenzender kleiner, historischer Hafenstadt. Dort stünde eine Marina mit Muring-Festmachern und allen sonstigen Annehmlichkeiten eines Hafens zur Verfügung. Also, nichts wie dorthin!

Zweieinhalb Stunden dauert die Fahrt unter Motor direkt gegen Wellen und Wind, der zwischenzeitlich tatsächlich auf NO gedreht hatte. Mit einer Geschwindigkeit von nur 6 Knoten sicherlich kein wahres Vergnügen. Unsere Fidelio schaukelt tapfer in den Wellen und die Aussicht auf einen ruhigen Hafen lässt den nur 29 PS starken Dieselmotor surren und ihr Rumpf gleitet auf und ab durch die aufgewühlte See. Die Zubereitung jeglicher Speisen muss warten, der Seegang ist zu unstet, der Kurs gegen den Wind zu rau.

Bereits bei der Einfahrt in die tiefe Bucht der Insel Lošinj verspüren wir die Erleichterung und das wir die richtige Entscheidung getroffen haben. Rechtzeitig vor Ort helfen uns die freundlichen Marina-Angestellten, scherzhaft auch „Marineros" genannt, wie überall in Kroatien üblich, beim Anlegen an einem bequemen Schwimmsteg. Trotz des Windes überhaupt keine Schwierigkeit. Unsere Nachbarn sind auch behilflich und die 365 Kuna Liegegebühr werden von uns heute besonders gerne entrichtet.

Und eines ist auch schon klar: Die Bordküche bleibt heute kalt, viel zu verlockend betört uns der Duft nach frisch gegrilltem Fisch und sonstigen Delikatessen aus den vielen umliegenden Restaurants des Hafens.

Ein zweiter, sehr angenehmer Aspekt beim Anlegen im Hafen, ist die Aussicht auf eine warme, geräumige Dusche in der Marina. Blitzblank geputzt, ordentlich renoviert und sicherlich 35 Kuna pro Person wert. Mit der Abgabe der Bootspapiere erhält man eine kleine Karte, die Einlass gewährt und die beim Verlassen des Hafens wieder abgegeben werden muss. Logisch und praktisch zugleich.

TAG 4

In den folgenden beiden Nächte verließen wir unseren geschützten Hafen nicht, die Bora machte ihrem Ruf alle Ehre und die nassen, in Ölzeug vermummten Besatzungen der ankommenden Schiffe bestätigten unsere Entscheidung. Nach einem heftigen Gewitterregen in der ersten Nacht folgte nun aber herrlicher Sonnenschein und die Temperatur kletterte langsam wieder auf die Zwanziggrad-Marke zu. Dennoch keine Entwarnung.

Mali Lošinj, eine alte Fischersiedlung und inzwischen ein beliebter Ferienort, liegt an der schmalsten Stelle der Insel Lošinj. Hier gibt es zwei erwähnenswerte Besonderheiten:

Erstens gibt es ein nagelneues, modernes Museum, direkt an der Uferpromenade, welches eine der besterhaltenen hellenistischen Bronzestatue eines jungen Athleten beherbergt. Es ist ein sogenannter „Apoxyomenos". Der Begriff Apoxyomenos bezeichnet die Statue eines Athleten, der sich Staub und Schweiß mit Hilfe einer „Strigilis" von der Haut abstreift. Die Strigilis ist ein in der Antike gebräuchliches Instrument und Sportgerät, mit dem nach sportlichen Übungen oder dem Besuch des Schwitzbades Öl, Schweiß und Staub vom Körper geschabt (gestriegelt) wurden.

Die Bronzestatue dieses antiken griechischen Athleten befand sich im ersten Jahrhundert n.Chr. auf einem der durchreisenden römischen Schiffe und wurde von dessen Besatzung im Überlebenskampf während eines Gewitters über Bord geworfen - auch damals seufzte sie offensichtlich schon, die schöne Bora. Nachdem die Skulptur fast 2000 Jahre lang auf dem Sandboden zwischen der winzigen Insel Veli Orjule und der Insel Lošinj lag, wurde sie im April 1999 vom einem belgischen Touristen zufällig bei einem Tauchgang entdeckt.

Unmittelbar danach wurde die Statue in Zagreb, Florenz, London, Paris und Los Angeles ausgestellt. Im Jahr 2016 fand der junge Athlet in Mali Lošinj dann endlich ein festes

Zuhause und ist in den letzten Jahren zum Symbol kroatischen Kulturerbes geworden.

Das Museum wird wie ein Hochsicherheitsgefängnis bewacht. Besuche werden nur mit gebuchten Führungen angeboten und nicht an allen Tagen, nicht zu früh, nicht über Mittag, nicht zu spät und möglichst nicht heute, sondern morgen vielleicht. Eher italienisch als kroatisch diese Einstellung, aber wir haben Zeit und lassen uns als entschleunigte Urlauber davon nicht aus der Ruhe bringen. Dann halt morgen, im Sommer oder beim Besuch im nächsten Jahr, wir kommen sicherlich gerne wieder.

Zweitens verfügte Mali Lošinj über eine Drehbrücke und einen kleinen Kanal, gerade mal 7,5m breit, der den Schiffen zweimal am Tag einen Ost-West Durchlass gewähren und die Umfahrung der Südspitze der Insel ersparen sollte (ca. 20sm). Dies war aber für fast ein Jahr wegen ständiger, oder besser gesagt überhaupt keiner Reparatur, leider nicht möglich. Weder ein Hinweisschild noch das Internet informierten über den aktuellen Zustand, die Information erfolgte mit Glück dann meist durch nette Ortskundige.

So kam mancher Skipper am Abend hier zu liegen und fuhr am nächsten Tag dann doch den Umweg südlich um die Insel. Dies ist auch eine Art der Entschleunigung und wird unter Seglern meist mit Humor genommen. Seit kurzem ist der Kanal von Mali Lošinj nun aber wieder offen.

Wir jedenfalls schlenderten durch die verträumten Gassen, erklommen die alte venezianische Pfarrkirche und beäugten die winzigen Geschäfte, die zum Stöbern einladen. Wir „erstöberten" natürlich auch einen Weinladen, der uns nicht nur zum phantastischem Malvazija des bekannten Winzerbetriebs Cuj auf Istrien verhalf, sondern auch noch zu einer ausgiebigen Probe verschiedener Olivenöle der Familie Belić aus Rabac verführte. Wir entscheiden uns für die Sorte „Frantoio", welche nun unsere Bordküche bereichert.

Das kleine und pittoreske Städtchen Mali Lošinj wirkte auf uns fast ein wenig wie St. Tropez und wir fragten uns, wie es wohl hier gerade aussähe, wenn Brigitte Bardot, Sofia Loren und Grace Kelly in den sechziger Jahren zunächst hierher gereist wären?

Abb. 11: Mali Lošinj im Abendlicht / Quelle: Eigenes Foto

Unser Liegeplatz wäre absolut unbezahlbar, die Ruhe und der fast schon morbide Charme wären dahin, aber dafür hätte das Museum wahrscheinlich seine Öffnungszeiten schon längst auf 24/7 geändert.

Nun, Bummeln und Entdecken machen einfach hungrig und wir genießen noch einen Kaffee in einer Bar und gehen dann sehr zufrieden mit unserem Einkauf wieder an Bord.

7. CEVAPCICI AN HAFENSALAT - *FÜR 4 PERSONEN*

Zutaten:
2 große, gereifte Tomaten, ½ Salatgurke, 1 Paprika, welcher Farbe auch immer, junger, frischer Schafskäse der Insel Pag. Olivenöl, Weißweinessig, Zitronensaft, 1-2 Zweige frische Petersilie und Basilikum, 2 Knoblauchzehen, Pfeffer und Meersalz, eine Priese Muskat. Zur Dekoration noch ein paar eingelegte grüne kroatische Oliven.

Zubereitung:
Das Gemüse in Würfel schneiden, ebenso den Schafskäse. 2 Esslöffel Öl und Essig, den Saft einer Zitrone, kleingehackte Kräuter, winzige Knoblauchwürfel und Gewürze dazu, dreimal nach links und dreimal rechtsherum umrühren und 15 Minuten ziehen lassen.

Dazu gibt es frisch gebratene Cevapcici, die uns der Metzger am Hafen in Mali Lošinj, direkt neben dem Weingeschäft, zusammen mit 500g frisch durchgedrehtem Rinderhackfleisch, mit Hingabe verkauft hat. Zum Salat reichen 4-5 Stück pro Portion.

Klar können Sie diese Fleischröllchen auch selbst herstellen, aber um es auf den Punkt zu bringen - Sie machen in Bayern ja auch keine Weißwürste selbst. Vertrauen Sie auf die verschiedenen Familienrezepte und die Frische der Zutaten des Hafenmetzgers, er hat einen hervorragenden

Ruf. Die Cevapcici nach dem Braten noch etwas mit kroatischem Paprikapulver würzen und mit kleingehackten, frischen Stückchen von Gemüsezwiebeln und Ajvar servieren.

Ajvar ist für alle Banausen dieser Welt kurzerhand das kroatische Ketchup und schmeckt natürlich in der Tat auch auf einem Hamburger. Für alle anderen ist es aber eine aus sonnengereiften, süßlichen, roten Paprika, Zwiebeln, Gewürzen und Öl hergestellte Beigabe zu fast allen gegrillten und gebratenen Fleischspezialitäten.

Ajvar schmückt jeden Teller mit seiner orangeroten Farbe und schmeckt köstlich auch einfach pur auf Weißbrot. Ajvar ist eigentlich überall zu finden, in Supermärkten, auf Bauernmärkten, in verschiedenen Qualitäten, zu differenzierten Preisen, in unterschiedlichen Größen, meist in einfachen Gläsern. Er darf im Schiffsvorrat natürlich nie fehlen und inzwischen bieten wir ihn auch gerne unseren Gästen in Deutschland an, z.B. als Begleiter der Grillparty.

TAG 5

Auch am nächsten Morgen war noch etwas Unsicherheit unter den einzelnen Skippern zu verspüren, nach zwei Tagen wollten wir mit unserer Fidelio aber nun unbedingt weiter. Pünktlich zur Mittagszeit verließen wir die Bucht von Mali Lošinj und nahmen Kurs auf Zadar. Der abgeschwächte Nord-Ost Wind half uns dabei auf dem Weg weiter in Richtung Dalmatien. Auf den Wellen tanzend, mit leicht gerefften Segeln war der Kurs absolut angenehm und mit über 8 Knoten erstaunlich schnell.

Im Laufe des Nachmittages wurde es auch immer wärmer und ganz allmählich kehrte das Gefühl der völligen Freiheit zurück. Unsere Augen ruhten ruhig auf dem tiefblauen Meer. Wir segelten gleichmäßig und still an zahlreichen Inseln, mit oder ohne Bepflanzung vorbei, die oftmals als kleines, winziges Eiland zur Aufzucht und Brut von den Seevögeln annektiert wurden.

Wir passierten zwischen den bewohnten Inseln Premuda und Skarda und konnten schon von weitem schon die Umrisse der sogenannten Greben Inseln erkennen, die sich als Gruppe aus vier Felsen zusammenschließen und mit ihrer Form an die Vorstellung des Ungeheuers von Loch Ness erinnern.

Die Zeit lief dahin. Manchmal kann man hier in der Abenddämmerung Delphine sehen, die in kleinen Gruppen im Ozean ihre Bahnen ziehen, nach Fischen jagen oder einfach als Familie einen Ausflug unternehmen. Heute war es ruhig um diese außergewöhnlichen Tiere. In Freiheit lebend sind sie wunderschön anzusehen und ich hoffe, dass bald alle in Gefangenschaft lebenden Tiere gesetzlich besser geschützt werden und im Zeitalter des Internet dieser Wahnsinn von Zirkus und Co. sich bald auf Jongleure und Trapez-Künstler beschränkt.

Jetzt liegt in Sichtweite die Insel Ist, in zwei Hälften geteilten, sieht sie fast aus wie ein Schmetterling. An ihrer Südseite befindet sich eine Ankerbucht mit Namen Mljake, nur unweit entfernt von der Insel Molat und dem an dieser Seite gelegene Örtchen Zapuntel. Es zieht sich bis ins Inselinnere hin und dient auch als Fährhafen.

Diese Bucht soll unser nächstes Etappenziel sein. In der Saison gibt es dort auch ein Bojen-Feld, für 11 Meter Boot werden 220 Kuna gegen Quittung gezahlt und wie immer, der Müll entsorgt. Aber es ist noch Vorsaison und wir müssen als geübte Crew ankern. Das Manöver ist eingespielt.

Unser Anker liegt sicher in sieben Metern Tiefe und jetzt kommt ein weiterer Brauch unter Seglern - das Anleger-bier. Alles ist klar, der Anker hält, der Motor ist aus, die gefahrenen Seemeilen und Motorstunden sind ins Log-buch eingetragen. Dann gibt es für alle durstigen Seefah-rer eine Dose Bier, prost und danke für die guten Manö-ver.

Erst danach macht sich die Crew bereit zur abendlichen Abkühlung in der türkisblauen Bucht. Reling öffnen, Ba-deleiter raus, Kleider vom Leib und kopfüber ins frische Nass. Die Disziplin heißt mindestens zweimal ums Boot schwimmen, waschen, duschen, erst dann wird die Bord-Küche bereit gemacht. Wir benutzen umwelt-freundliches Meerwasser-Duschgel. Es dient der Hygi-ene, ist aber voll biologisch abbaubar, schäumt auch in Salzwasser und verbreitet einen angenehmen Geruch.

Auch kommen wir heute in den Genuss und den Luxus einer nagelneuen Warmwasser-Dusche am Heck der Yacht, die unser jüngster, damals achtzehnjähriger Sohn im Alleingang installiert hat. Nicht dass Sie jetzt denken er sei schon ein perfekter Boots(Heim)werker. Nein, aber er ist auf dem direkten Weg dorthin und seit dem Besitz dieses Bootes fühlt er sich in sehr angenehmer Weise mitverantwortlich und in der Pflicht.

Keine Erziehung zu Hause hätte das sonst so fertiggebracht. Dieses Phänomen haben wir auch bei unseren anderen Kindern so beobachten können und hat uns neben der Dusche z.B. auch noch ein neues Decks-Flutlicht hoch am Mast eingebracht, montiert von unserem zweitjüngsten Sohn.

Der Sonnenuntergang ist wieder einmal ein sehr schönes Erlebnis. Warmes Gelb, rötlich werdend, bis hin zu Rosa und schließlich Violett, welches sich am leichten Wolkenhimmel ausbreitet. Die Farben spiegeln sich im Wasser und das Blau verändert seine Farbe in dunkelblau, dunkelgrün, bis smaragdgrün und pastell-türkis.

Neben uns ankert eine weitere Segelyacht, ebenfalls unter deutscher Flagge, ein ruhiges Ehepaar, welches sich nicht weiter an uns stört. Das Licht, die Luft und das Meer tauchen uns in eine tief friedvolle und zugleich romantische Stimmung und da Liebe ja bekanntlich auch durch den Magen geht, gibt es heute eine besondere Delikatesse - „Spaghetti Zapuntel":

8. Spaghetti „Zapuntel" - für 4 Personen.

Zutaten:
600g Spaghetti (ein Paket ist etwas knapp), 500g frisch durchgedrehtes Rinderhackfleisch unter das der Metzger unseres Vertrauens noch 50g Speck mischte - soweit ok, Fett aromatisiert - ich wollte an dieser Stelle aber nur anmerken: Wir sind nicht blöd, wir Urlauber! 1 Zwiebel, 3-4 Zehen Knoblauchzehen, ein Stück Lauch, etwas Sellerie von der Knolle, eine kleine Möhre, 2 reife Tomaten, 1 Dose Tomatenmark, ¼ l Rotwein, z.B. einen Teran, Olivenöl,

Pfeffer, Salz und zur Marinade 100g Hartkäse, z.B. aus Pag, eine Zitrone, einen kleinen Zweig Rosmarin und etwas Petersilie.

Zubereitung
Das Geheimnis an Bord ist, wie so oft, die Zubereitung in einem Topf: 2,5 l Wasser zum Kochen bringen, 2 Lorbeerblätter, etwas Salz und Spaghetti zugeben, rühren, damit sie nicht ankleben. 8-10 Minuten kochen. Abgießen und abdecken.

Dann Olivenöl in den Topf, Hackfleisch 5 -7 Minuten scharf anbraten, Zwiebel, Knoblauch, Lauch, Sellerie und Karotte in winzige Würfel geschnitten dazu, würzen, Tomatenmark dazugeben und vorsichtig anbraten. Mit Rotwein ablöschen, umrühren bis sich alles vom Boden gelöst hat, Tomatenwürfel hinzufügen, etwas köcheln lassen, abschmecken mit Pfeffer und Salz. Nun die Spaghetti untergeben oder getrennt servieren.

Marinade:
Hartkäse reiben, Petersilie und Rosmarin ganz klein hacken, Schale der gesamten Zitrone dazu reiben, Pfeffern, durchmischen und/ oder auf den Tellern über die Pasta streuen.

Es stimmt, Liebe geht durch den Magen, erleben Sie selbst!

Vielleicht sind Sie nun enttäuscht und denken - Spaghetti-Bolognese? Und was ist da nun besonderes dran? Nun, Sie können entweder selbst die spezielle Hingabe bei der Zubereitung schmecken oder einfach mit dem Hackfleisch etwas anderes Mediterranes/ Kroatisches zubereiten.

Zum Beispiel:

9. PLJESKAVICA „MLJAKE" - FÜR 4 PERSONEN

Zutaten:
500g Rinderhackfleisch, 1 rohes Ei, 1 kleine Zwiebel, 4 Knoblauchzehen, 1 im Hafen gepflückter, frischer Rosmarinzweig, Salz, Pfeffer, Paprika und salzig eingelegter, frischer Schafskäse, etwas Olivenöl.

Zubereitung:
Hackfleisch mit Ei, Gewürzen, gehacktem Rosmarin und winzig klein geschnittener Zwiebel und Knoblauchzehen mit einer Gabel kräftig durchmischen. Den Schafskäse in vier Stücke zerschneiden, genauer, in 2 x 1,5 x 6 cm Rechtecke. Die Fleischmasse in acht Portionen zerteilen, so das 2 x 4 Frikadellen gefüllt mit dem Schafskäse entstehen, etwas platt, nicht rund in die Pfanne geben und mehrmals wenden, bis sie ganz durchgebraten sind (10-12 Minuten).

In der etwas öligen, mit Rosmarin aromatisieren Pfanne nun Paprikastücke, Karottenscheiben und Champignonstücke mit grob gehacktem Knoblauch etwa 5 -7 Minuten anbraten. Ganz natürlich - Sie benötigen keinerlei Gewürze oder Salz!

Pljeskavica darauf anrichten, einen Zweig Rosmarin als Deko und schon ist aus der Bulette, dem Fleischpflanzerl oder der Frikadelle ein mediterraner Gaumenschmaus, sogar als „Trennkost" getarnt, entstanden.

Zu beiden Gerichten gibt es einen kroatischen Rotwein, einen Teran aus Istrien, genauer gesagt aus dem Weingut „Rozanic" in dem Örtchen Nova Vas. Produziert wird er von einem jungen, mutigen Winzer, der alte Tradition mit neuer Philosophie vereint und damit der Liebe zur Natur einen ganz eigenen Geschmack verleiht. Der leuchtend rote Teran von Mladen Rozanic ist ein besonders intensiver Rotwein aus der gleichnamigen Rebsorte. Im benachbarten Italien wird der Teran auch Refosko genannt. Der frische elegante Rotwein hat Aromen von Schokolade, schwarzer Kirsche und einen Hauch von frischem Tabak. Der Teran von Mladen Rozanic ist einer der besten Rotweine Istriens, gehaltvoll und fruchtig stemmt er sich gegen das aromatische Essen.

TAG 6

Der nächste Morgen begrüßt uns mit Sonne, blauem Meer und etwas Wind aus Nordwest. Und meine Freunde Bruno und Oskar, die Möwen, haben heute ihrer ganzen Vogelfamilie ein Frühstück auf der Fidelio versprochen.

Mein bester aller Kapitäne garantiert mir beim Anblick der gut zwanzig Familienmitglieder aber, dass ich bei dem Versuch auch nur ein Stückchen Brot zu werfen kielgeholt würde!

Ich bin seit 20 Jahren mit ihm verheiratet, ich weiß genau wann er scherzt und wann nicht! Eine Runde im frischen, kühlen Meer reicht mir völlig, alleine die Vorstellung gefesselt und an ein Seil gebunden unter unserem Rumpf durchtauchen zu müssen, lässt meine Brot-Dose eiligst wieder verschwinden.

Ausnahmsweise wird heute ein richtiges sonntägliches Frühstück bereitet, mit weich gekochtem Ei, Meersalz, frischem Weißbrot, Butter, etwas selbstgekochte Kirschmarmelade und Honig unseres lieben Freundes Harald aus dem Klostergarten in Osnabrück. Köstlich der Geschmack jeder einzelnen Substanz. Die Aussicht, das milde Klima und die ganze Atmosphäre bereiten eine fast feierliche, sonntägliche Freude.

Danach wird zuerst der Anker neu sortiert, da sich beim gestrigen Manöver ein Glied in der Kette verdreht hat. Es stellt sich aber heraus, es ist gebrochen, weil korrodiert, und wir hatten wahrlich Glück, durch diese noch so kleine Panne unseren Anker nicht an die See verloren zu haben.

Der Skipper weiß sich zu helfen und kramt sofort in der bestens sortierten Werkzeugkiste ein neues Ankerkettenverbindungsglied heraus, um mit zwei kleinen Handgriffen das Malheur zu beseitigen. Ich schwöre feierlich, ich werde beim einem Besuch im Bootszubehör-Laden ab heute nie wieder fragen „Warum, mein Held und Skipper, wird denn das nun schon wieder benötigt, es gibt doch sicherlich genug Ösen und Haken an Bord"?

Angenehm gesättigt und zufrieden verlassen wir die schöne Bucht, ein Gruß an das Nachbarschiff und schon nehmen wir wieder Kurs auf Zadar, an der dalmatischen Festlandsküste. Inzwischen sind viele Boote auf dem Wasser, ein herrlicher Tag. Bei nur sehr leichtem Wind von achtern ist es schwer die Segel vernünftig zum Stehen zu bringen. Sollten wir die Mühe des ständigen Halsens auf uns nehmen? Für den Spinnacker fehlt die

Gleichmäßigkeit des Windes und auch die Fahrt mit dem sogenannten „Schmetterling" bringt uns gerade mal auf 2,5 Knoten. Wir, ich meine natürlich der Skipper, entscheiden uns dafür den Autopiloten anzuschalten und gemütlich zu motoren. Auf diese Weise können wir nun ganz bequem auch schon etwas über das geschichtsträchtige Zadar lesen.

Keine Angst, ich werde Sie nicht mit Geschichtszahlen langweilen, ich möchte Sie nur gedanklich ein wenig mitnehmen in diese sehr interessante Stadt. Zadar war schon in der illyrischen Zeit eine Siedlung und bedeutet so viel wie „Schon immer da". Im 2. Jahrhundert wurde es Römisch. Es liegt auf einer schmalen Landzunge am Adriatischen Meer, wird vom Festland nur durch einen Wassergraben getrennt und war bis 1873 eine Festung. Die heutige, moderne Universitätsstadt mit ca. 80.000 Einwohnern, hat neben einem etwas veralteten Stadt-Hafen, vier alte Stadttore mit den dazu gehörenden vier Stadtteilen. Die Altstadt von Zadar ist meist venezianischen Baustils, mit sehr lebendigen Plätzen, z.B. dem Forum, dem Brunnenplatz oder dem Simeons-Platz, einer schönen Hauptwache, drei sehenswerte Museen und der Gradska Straža, die zum Bummeln und Einkaufen einlädt.

Ebenso sehenswert sind in Zadar einige der zahlreichen Kirchen. Die Kroaten sind und waren ein gottesfürchtiges Volk und wenn Sie rein zufällig bei der Besichtigung der Domkirche der Heiligen Anastasia (auf kroat. Sveti. Stošija), eine romanische Basilika aus der zweiten Hälfte des 13. Jahrhunderts, mit schönen Marmoraltären und

Gemälden, in einen Gottesdienst geraten, halten Sie einen Moment inne. Beobachten Sie die vielen jungen Menschen, die jungen Ehepaare, Kinder und Großeltern, wie Sie noch gemeinsam singen und beten, huldigen und dankbar sind. Drücken Sie die Hände dieser Menschen beim Friedensgruß und empfinden Sie die damit ausgedrückte Herzlichkeit. Man muss nicht religiös sein, um diese ergreifende, sehr spirituelle und gleichzeitig leidenschaftliche Atmosphäre zu spüren. Tragen Sie diese Erinnerung einfach in ihrem Herzen mit sich, egal ob Sie sich einer Religion zugehörig fühlen oder nicht - Sie können noch sehr lange davon zehren.

Auch St. Elias, St. Simeon mit dem kunstvollen Reliquienschrein des heiligen Simeon, die Kirche des Nonnenklosters St. Marien im lombardischen Stil und die ehemalige Kirche zur Heiligen Dreifaltigkeit (die älteste der Stadt, der Sage nach aus den Trümmern eines Juno-Tempels im 9. Jahrhundert erbaut), jetzt Antiken-Museum, sind interessant und stehen als Symbol der langen Geschichte und des unerschütterlichen Glaubens der Kroaten.

Bevor wir uns nun aber in dieses geschichtsträchtige Städtchen wagen, wird sicherheitshalber noch der Magen gefüllt und siehe da, es ist eigentlich schon wieder alles vorbestimmt.

Gesund, einfach und natürlich, passend zu unserem verbliebenen Proviant in Bordküche, der guten Stimmung und der stetigen Fahrt auf dem Meer.

10. Kartoffelpfanne „Zadar" - für vier Personen.

Abb. 12: Kartoffelpfanne „Zadar" an Bord / Quelle: Eigenes Foto

Egal wo Sie sich gerade auf der kroatischen Adria Befinden, Kartoffel und Kulen gehen immer!

Zutaten:
Pro Person rechne ich mit 3 Pellkartoffeln, 250g Kulen (fürs Boot empfiehlt sich gleich eine ganze Wurst von ca. 700g vom Metzger), 4 Eier, Rote Beete Salat aus der Kühltheke, 24 Anchovis-Filets, 1 große Gemüsezwiebel oder zwei normale Zwiebeln, Olivenöl, Salz, Pfeffer, süßes Paprikapulver, 4 Oliven als Deko.

Kulen ist eine Rohwurst aus grobem Hackfleisch vom Rind/Schwein oder von beidem, die in einigen Gegenden Kroatiens (Slawonien und Baranja), sowie in Serbien hergestellt wird. Charakteristisch sind die kurze, dicke Form und die tief dunkelrote, fast bräunliche Farbe. Der Geschmack ist würzig-scharf, mit einer leicht säuerlichen Note, die Sie bereits im Geruch erkennen. Kulen wird mit schwarzem Pfeffer gewürzt, viel rotem Paprika und Knoblauch. Die alten Rezepte werden über Generationen vererbt und es wird auch heute noch in vielen Haushalten selbst hergestellt. Daher gibt es eigentlich keine Kulen, die schmeckt wie andere. Der Metzger würzt anders als der Nachbar und der Sohn wiederum anders als der Vater. Doch eines haben alle gemeinsam, es ist eine wahre Spezialität! Die Wurstmasse wird traditionell in Darmblasen gefüllt, dann mit Nussbaumholz kalt geräuchert und anschließend mehrere Monate luftgetrocknet, ist sie bis zu 2 Jahren haltbar. Genossen wird Kulen fein aufgeschnitten, 2mm dick, als Brotbelag und auch als Vorspeise. Kulen nährt, sättigt und würzt zugleich auf herrlich, kroatische Weise. Sie enthält außer etwas Fett - aber das vergessen Sie jetzt mal schnell wieder - wichtige Vitamine und Mineralstoffe und entfacht mit ihrem unverkennbaren Aroma die Liebe zu Land, Luft und Meer.

Zubereitung:
Fertige Rote Beete, bereits gekocht, geschält und in dünne Scheiben geschnitten, die mit etwas Süßweinessig konserviert und verfeinert wurden, sind in Kroatien ganz leicht bräunlich in der Farbe. Lassen Sie sich davon nicht verunsichern, sie enthalten nur etwas weniger Ascorbinsäure als in Deutschland, sind aber genauso aromatisch und frisch!

In vier Schälchen füllen, 6 eingelegte Anchovis Filets im Kreis darauf anrichten, Zwiebelringe darauf, etwas Olivenöl und Pfeffer aus der Mühle darüber geben. 1 grüne Olive als Deko in die Mitte.

Die Kartoffel schälen, in Scheiben schneiden und in Olivenöl anbraten, ½ Zwiebel in Würfelchen schneiden zugeben mit Pfeffer und Paprikapulver würzen, dann die in Würfeln geschnittenen Kulenscheiben dazugeben, vorsichtig salzen und zur Seite stellen. In einer weiteren Pfanne 4 Spiegeleier braten, die Kulen-Bratkartoffel auf vier Teller anrichten, mit ein bis zwei Spiegeleier belegen, zur Deko ein Petersilie- oder Rosmarinzweig. Dazu passt auch Pumpernickel oder Dosenbrot aus der letzten Reserve der Kombüse.

Nach diesem deftigen Mal fielen wir in eine Art Mittagslethargie, genossen die See und die vielen Inseln und Buchten um uns herum. Siesta mit halb-wachem Skipperauge ist heute angesagt, das geht auch!

Zadar war bereits in Blickweite und ein sehr großes Kreuzfahrtschiff vor Anker erweckte unsere Neugier. Wir fuhren also an der Hafeneinfahrt unsere Marina vorbei und betrachteten entlang der Uferpromenade, der öffentlichen Strände und der Hotels zunächst das bunte Treiben. Es folgten die Werften und Fährschiffanleger, bis unsere Yacht endlich, in der nun gefühlten Größe einer Nussschale, neben diesem stolzen Schiff entlangfuhr - der „Brilliance of the Seas.". Die Brilliance ist 300m lang, man hatte das Gefühl, dass selbst die Rettungsboote über uns ca. dreimal so groß waren wir unsere Fidelio.

Ich glaube in diesem Moment träumten wir beide ein wenig von Fahrten in noch weitere Ferne und kamen dann aber doch unisono zu dem Entschluss: "Alles hat seine Bestimmung und seine Zeit!" Speziell wenn man weiß, dass es auf der Brilliance zuletzt im Jahr 2010 auf der Fahrt nach Alexandria, vor der Küste Ägyptens, in schwerer See immense Schäden gab. Große Teile der Inneneinrichtung wurden beschädigt, drei größere öffentliche Bereiche mussten für den Rest der Kreuzfahrt gesperrt werden. Und im Juli 2005 verschwand ein Passagier während seiner Hochzeitsreise auf der Brilliance of the Seas sogar spurlos im Meer!

Sicherlich steht gerade jetzt über uns jemand auf einem der dreihundert Balkone und bewundert seinerseits die harmonische und abenteuerlustige, kleine Gemeinschaft der SY Fidelio!

Die Stadt-Marina von Zadar ist gepflegt, wohl etwas in die Jahre gekommen, einige reden von Konkurs, aber sie ist recht gut organisiert, mit kurzen Wegen und sauberen sanitären Anlagen. Der vierstellige Pin Code mit # am Ende ist im Liegeplatz für 375 Kuna pro Nacht enthalten, Wasser und Strom gehen extra. Bezahlt wird am nächsten Morgen, man erhält die Schiffspapiere zurück und kann mit neuem Wasser im Tank den Hafen bequem und zügig wieder verlassen.

Auch das Wechseln der Crew ist in Zadar sehr gut möglich. Der Flughafen von Zadar liegt in nur 20 Minuten Entfernung genau zwischen der Marina in der Stadt und der hochmodernen, sehr komfortablen und luxuriösen Marina Dalmacija im Süden von Zadar.

Vor dem Ablegen am Morgen empfiehlt sich aber noch ein schneller Besuch auf dem täglichen Bauernmarkt. Über die Fußgängerbrücke, direkt hinter der Stadtmauer rechts durch ein kleines Tor. Hier gibt es frisches, landes- und jahreszeitlich typisches Gemüse, Obst und andere Naschereien.

Wie bitte? Biologisch? Also bitte - allein der Anblick der Stände, die Auswahl und das Aussehen der Ware, sowie die angebotenen kleinen Mengen sind uns hier absolut „Bio" genug.

Einzig die Waage und das Wechselgeld sollten Sie etwas achtsam im Auge behalten. Aber lassen Sie den Händlern bitte auch ihren Stolz und ein wenig Spaß.

Nach Ankunft wollen wir heute jedoch zunächst die Altstadt besuchen. Um vom Hafen aus dorthin zu gelangen gibt es zwei Möglichkeiten. Man geht entweder ganz um den Hafen herum, über die große Fußgänger-Brücke. Oder die Crew steigt in das winzige Ruderboot eines Fährmanns, der täglich bis 22:00 Uhr die Besucher für fünf Kuna in nur 5 Minuten als Stehpaddler über die Hafeneinfahrt an das gegenüberliegende Ufer der Altstadt bringt. Nachdem Boot und Crew gesäubert sind, nehmen wir an diesem Nachmittag also neugierig die Fähre. Diese archaische Form des Seetransports erinnert etwas an Venedig. Dort wollen wir übrigens auch bald mal hin mit der Fidelio - und wir werden Ihnen davon berichten.

Durch alte Gassen mit Pflaster aus großen Marmorplatten gelangen wir in kurzer Zeit zum großen Forum. Dort gilt es unbedingt innezuhalten. Wir genießen dort mit zahlreichen kroatischen Familien und einer wirklich überschaubaren Menge an Touristen einen Aperitif und beobachten das sonntägliche Promenieren der zufrieden und entspannt wirkenden Menschen. Kinder jeden Alters spielen friedlich zwischen den antiken Säulenresten und ehrwürdigen Mauern. In Deutschland wäre hier vermutlich eine Absperrung, dafür aber freies WLan, und jeder müsste Eintritt zahlen, um diese Schönheiten zu sehen. Jetzt aber mal ehrlich, die Dinger liegen hier schon seit mehr als 2000 Jahren herum, warum sollte man sie vor Kindern schützen?

Abb. 13: Zadar/ Quelle: Eigenes Foto

Langsam machen wir uns dann auf die Suche nach einem besonderen, leckeren Restaurants - einem, das unsere Bordküche einmal deutlich überbieten soll! Die zahlreiche Konobas hier bieten eher traditionelle Gerichte und Pizza an. Pizza ist in Kroatien omnipräsent, aber wohl doch eher italienisch - und Italien ist heutzutage ja sehr weit entfernt von dieser schönen, kroatischen Stadt.

Genau gegenüber vom unermüdlichen Fährmanns, direkt an der Stadtmauer, werden wir dann fündig. Dort liegt das zur „Relais & Châteaux"-Gruppe gehörende Hotel „Bastion", mit einem vorzüglichen, gehobenen Restaurant. Diese stets hervorragend geführten Häuser haben uns wirklich noch nie enttäuscht und sind in jedem Fall ihr Geld wert. Nicht immer, aber im Urlaub immer mal wieder gerne, genießen wir bei entsprechender Gelegenheit diesen Luxus und verzichten dafür auch gerne auf teure Cocktails, Bars und Club-Besuche.

Ein Platz am Fenster, mit Blick auf den Hafen, oder im Garten, entlang an der mittelalterlichen Mauer zwischen Olivenbäumen und Oleander - egal, die Atmosphäre im Hotel „Bastion", ist immer himmlisch, ebenso die Auswahl an Speisen. Zunächst „Pršut" mit grünen, weichen Oliven, Dukteltomaten und Rucola, sowie ein frischer Thunfischtatar mit etwas weißem Kaviar und Olivenöl.

Abb. 13: Vorspeise im Hotel Bastion, Zadar/ Quelle: Eigenes Foto

Als Hauptgang ein gegrilltes Steak vom „Weißen Thun-fisch", mit Gemüse, sowie eine Pasta mit hausgemachten Taglione und kroatischen Garnelen. Diese Krustentiere bestehen in Kroatien normalerweise aus ganz viel Kopf und leeren Vorderbeinen, haben eine weiche Schale und ihr genießbarer Körper ist nur ein ca. 2-4 cm lang. Ich mag dieses Gepuhle mit wenig Sättigungserfolg eigent-lich nicht so gerne, aber die heute hier servierte Vari-ante ist ein Genuss! Fertig ausgelöst, mit dem vollen na-türlichen Geschmack dieser Meeresbewohner, ver-schmelzen sie mit den Teigwaren zu einem unvergessli-chen Aroma, kurz ein echtes Elixier!

Noch ein kleiner Kaffee zum Abschluss und wir werden vom Fährmann bereits wieder freundlich empfangen. Ziemlich benommen von all diesen Eindrücken tranken wir an Bord noch ein Bierchen und schliefen äußerst zu-frieden und tiefen-beurlaubt ein.

TAG 7

Der Zeitverlust durch die Bora in Mali Lošinj macht sich nun leider doch bemerkbar - in der vorgesehenen Zeit lassen sich die weiter südlich gelegenen Kornaten dieses Mal leider nicht mehr sinnvoll erkunden. Die Erfahrun-gen auf Lošinj waren es aber absolut wert - wir kommen einfach wieder. Tiefenentspannt wird umgeplant.

Da wir nun schon seit über einer Woche den ausgespro-chen leckeren und berühmten Käse von der Insel Pag es-sen, wollen wir deshalb jetzt auch einmal persönlich dort hin, Land, Leute und vor allem die Schafe besuchen.

Die Insel Pag liegt in nördlicher Richtung von Zadar und aus Süden weht uns ordentlich der Jugo um die Nase. Kaum aus dem geschützten Hafen heraus, schaukelt die Fidelio auf zwei Meter hohen Wellen und jagt vor dem Wind davon. Der Skipper ordnete sicherheitshalber für alle das Anlegen der Schwimmwesten an und obwohl uns heute Morgen noch freundliche zwanzig Grad wärmten, mussten wir hier draußen unsere winddichten Jacken anziehen.

Die Kunst des Segelns stößt an diesem Morgen schnell an ihr Grenzen, es gibt für unsere Richtung nur wenig Möglichkeiten, entweder mit Reff in beiden Segeln oder wie dann geschehen, nur mit der Genua. Mein Skipper stellt das Boot direkt vor den Wind und dieser treibt es äußerst flott, aber durchaus angenehm vorwärts, schaukelnd und tanzend hoch oben über die Kämme der Wellen.

Der Wetterbericht ist nicht so erfreulich - zunehmende Sturmböen aus Süd-Süd-Ost, Windstärke 8! Und dazu die entsprechenden Wellen mit einer Höhe von bis zu 3 Metern stehen uns bevor. Wieder einmal erfolgt eine kleine Planänderung, wir steuern aufgrund der Warnung vor heftigen Gewittern den nächstmöglichen und für dieses Wetter auch sichersten Hafen auf der Insel Pag an, die Marina Šimuni.

Die Fidelio jagt inzwischen mit einer Geschwindigkeit von über 10 Knoten, nur mit der Kraft des Vorsegels davon. Unser Hafen war somit in ca. drei bis vier Stunden gut zu schaffen. Das Mittagessen bestand heute aus einer „Stulle", als Vorgeschmack mit köstlichem Pager Käse belegt, einfach aus der Hand, mehr war wirklich nicht zu machen. Glücklicherweise hatten wir am Morgen in der Marina noch ein leckeres Omelett mit Käse, Schinken und Toast zu uns genommen.

Bei wirklich starkem Wind benötigten wir in der Marina einen zweiten Anlauf in die zugewiesene Box, da uns der Wind beim Eindrehen einfach noch einmal erfasste und das Festmachen nicht schnell genug durchgeführt werden konnte. Beim zweiten Versuch ging jedoch alles paletti. Es ist völlig normal beim Anlegen ruhig und geduldig zu sein, dann wird es auch professionell.

Hinten und vorne jeweils mit zwei Festmachern und zwei Muringleinen belegt, alle verfügbaren Fender am Außenschiff in guter Höhe zur oberen Alu-Kante positioniert und die Luken zur Sicherheit alle fest verschlossen. Unsere neu genähte, zur Sprayhood passende, dunkelblaue Bimini, die Regen- und Sonnenschutz zugleich ist, wurde festgezurrt, das Beiboot auf dem Vordeck zusätzlich gesichert und alle losen Teile ins Innere des Bootes geschafft.

So sollten wir nun also mit völlig leerem Magen warten, bis das bevorstehende Gewitter vorüber war? Das konnte noch dauern. Zunächst sah es recht bedrohlich aus, der Himmel war schwarz, Blitze waren in nicht allzu weiter Entfernung zu sehen und lautes, aber noch entferntes Donnergrollen war zu hören. Der Wind in der ruhigen Bucht war jedoch eher mäßig und so blieb es im Moment auch noch trocken. Spontan entschieden wir uns zu einem kleinen Landgang.

Šimuni, ein verträumter, sehr kleiner Ort an der Westseite der Insel Pag, mit gut geschützter Marina, einer
kleinen Werft und einigen netten Restaurants und Bars
in Hafennähe, aber auch mit Strand und netten Ferien-
häuschen, lockte uns trotz der äußerst dunklen Wolken
an Land. Also, Regenjacke und Sportschuhe an, Geldbeu-
tel und Telefon eingesteckt und ab in Richtung Hafen
und Fischerort.

Es blieb zunächst wirklich trocken und wir betrachteten
die vielen Boote, zahlten in der Rezeption der Marina
unsere Liegegebühr, nahmen die Bootspapiere wieder
an uns und bummelten den Hafen entlang bis zu dem unweit angrenzenden Ferienort. Fischer säuberten ihr
Boot und Bauarbeiter, die jede Menge Ferienapartments
errichteten, waren fleißig bei der Arbeit.

Eine kleine, kunstvoll mit Töpfereien und naiven Male-
reien geschmückte Konoba direkt am Fischerhafen, fiel
uns sofort ins Auge. Konobas sind das kroatische Pen-
dant zur griechischen Taverne und eigentlich immer gut.
Die Konoba trägt den urigen Namen „Didova kuća", was
so viel bedeutet wie „Großvaters (Opas) Haus". Sie wird
auf Trip-Advisor mit hervorragenden 4,5 Punkten be-
wertet – das wussten wir zu diesem Zeitpunkt aber noch
nicht. Die Wolken verdunkelten sich weiter, die Blitze
kamen nun immer näher und der Donner war immer
deutlicher zu hören. Heftiger Wind kam plötzlich auf
und ohne noch lange zu überlegen - oder was viele unserer Landsleute ja besonders gerne tun, nämlich mit Le-
sebrille auf der Nase zunächst einmal den Eingang des
Restaurants zu blockieren und die Speisekarte auswen-
dig zu lernen – traten wir einfach kurzentschlossen ein.

Etwas was anderes machte im Moment gerade überhaupt keinen Sinn.

Drinnen rustikales, gemütliches Ambiente, eine hohe Bar und zwei lange Tische, an denen kroatische Familien mit vielen Kindern aßen und es sich offensichtlich gut gehen ließen. Es duftete herrlich nach Fleisch und gegrilltem Fisch, aber es war auch klar, hier drin ist kein Platz mehr!

Der inzwischen ausgewachsene Hunger machte sich nun aber auch immer deutlicher bemerkbar und trotz des aufziehenden Gewitters nahmen wir einfach draußen unter der flatternden Markise, wo auch andere Gäste noch genüsslich vor ihrem Essen saßen, Platz. Der einzige Kellner, ein freundlicher und aufmerksamer junger Mann, verschob noch ein wenig die Tische, alle rückten zusammen und so waren wir besser von dem inzwischen einsetzenden Regen geschützt. Weißwein vielleicht und etwas Wasser? Ja, wir schauten uns liebevoll in die Augen und waren schon wieder zufrieden und froh diese spontane Entscheidung getroffen zu haben.

Der nun schlagartig einsetzender Sturm und der peitschende Regen, fast vertikal, störten uns nicht, wir waren sooo hungrig nach diesem Tag und immer noch ein wenig aufgeregt. Wir tranken den halben Liter trockenen Weißwein, aus einem Kanister gezapft, der unserem Reserve-Wasserkanister an Bord sehr ähnlich sah, mit großem Genuss.

Zur Vorspeise bestellten wir die Platte „Land und Meer" und zogen unsere Jacken zu. Ein Traum, vielleicht lag es an dem Wein auf fast nüchternen Magen, aber betrachten Sie das Foto und Sie werden verstehen - das Gewitter war nicht mehr unsere Sorge. In Olivenöl eingelegte Fische von Anchovis bis Makrele mit See-Algen, Pršut, Oliven, Käse, Tapenade, Tomate mit Mozzarella, getrocknete Feigen, Rosinen und Mandeln. Dazu warmes, leicht geröstetes Weißbrot. Anschließend benötigten wir noch etwas Wein, sorry, aber das musste sein.

Abb. 15: Platte „Land & Meer", Konoba Didova kuća, Šimuni / Quelle: Eigenes Foto

Als Tagesgericht gab an diesem Tag Lammeintopf, frisch von den wolligen Inselbewohnern, nicht weitgereist aus Neuseeland. Und wie jeden Tag, gegrillte Calamari, die wahrscheinlich vor wenigen Stunden noch im Meer schwammen. So dufteten sie zumindest, nach unglaublicher Frische und Salz, mit lecker zubereitetem Mangoldgemüse, ohne Glutamat, Hefeextrakt oder sonstigem unnötigen Zeugs.

Völlig gesättigt, leicht beschwipst und irgendwie hypnotisiert von all unseren Erlebnissen, gingen wir Hand-in-Hand zu unserem Boot zurück. Auf der Straße erfuhren wir von einigen Urlaubern, dass im benachbarten, kleineren Hafen einige Fischer-Boote vom Sturm an Land gedrückt wurden und auch an Yachten Schäden entstanden waren. Ich dankte dem lieben Gott mal wieder für die Entscheidung genau hier zu sein und für dieses köstliche und wunderbare Essen. Heute mit etwas mehr Meer und Wind, wahrscheinlich auch mit mehr Liebe, wie wir zu spüren glaubten.

Wir kuschelten uns unter die Decken in unserer nach Lavendel duftenden Kajüte im Vorschiff der Fidelio. Das natürliche Öl des Lavendels wirkt nicht nur beruhigend, sondern hält bei Bedarf auch die wenigen Moskitos fern. So träumte ich vom Meer, der Ferne und dem Essen, was selbst im Traum noch genauso gut mundete.

TAG 8

Am nächsten Morgen erwachten wir unter klarem, blauem Himmel, bei etwas abgekühlten Temperaturen und noch feuchtem Deck. Das Café in der Marina hatte geschlossen, nur ein kleines Geschäft bot uns Kuchen, Croissants, Brot, Obst, Eier und Gemüse an. Eine Tasse Kaffee war schnell gekocht und wir planten erneut den Fortgang unserer Reise.

Zeit hatten wir trotz der bisherigen Verzögerung noch genug, also beschlossen wir wieder ein Stück zurück zu fahren und die Insel Pag im Süden zu umrunden. An den Küstenorten Košljun und Povljana vorbei, durch die

Enge zwischen den Inseln Pag und Vir hindurch. Unsere Fahrt ging unter Motor von Nisnski Zaljev nach Ljubački Zaljev, durch eine mit Seezeichen markierte Linie im Zickzack voran. Schließlich fuhren wir unter der großen, 30 Meter hohen Brücke hindurch, in den bei Bora so gefürchteten und teilweise unpassierbaren Velebit-Kanal ein. Diese Brücke verbindet die Insel Pag mit dem Festland. Es war noch leicht böig, jedoch völlig unbedenklich, was uns auch der neuste Wetterbericht bestätigte. Abflauender Wind, drehend auf Nordwest mit ruhiger See.

Die Landschaft veränderte sich zusehends. Zunächst waren die Hügel der Insel nur wenig felsig, überwiegend noch bewachsen und wie auf einem Flickenteppich mit hellgrünen Schafweiden bedeckt, die von uralten Trockensteinmauern begrenzt wurden. Wir erspähten interessanterweise auch den mutigen Versuch eines vermutlich jungen Winzers hier neue Weinberge anzulegen und entdeckten auch alte, bereits bestehende Olivenhaine.

Aber dann wurde es karg, trocken, fast schon bizarr an Form und Zerklüftung. Bewohnt war hier nichts mehr. Auf der Festlandsseite entlang erstreckte sich das bereits erwähnte Velebit Gebirge, steil und fast verlassen wirkend. Unsere Seite, die Ostseite der Insel Pag, erinnerte metaphorisch an einen Spielplatz von Riesen, auf dem die Kinder der Mächtigen riesige Tröpfel-Burgen ins Meer gleiten ließen. Wenn man dieses Gestein ohne jegliches Wachstum erblickt, versteht man auch immer besser, warum die Bora, die hier an mindestens 100 Tagen im Jahr herunterfegt und ihre Kraft zum Ausdruck bringt, so gefürchtet ist. Nur unweit der felsigen Küste betrug die Wassertiefe immer noch weit über siebzig Meter. Es war fast gespenstig leer. Kein Segler, kein Fischer, nicht einmal eine Fähre kreuzte unseren Weg.

Bis in den Hafen von Pag dauerte es noch mindestens drei Stunden, das spartanische Frühstück verlor an Kraft, Luft und Meer ließen uns unseren Hunger spüren. Es wurde Zeit für eine weitere Mahlzeit an Bord. Mal wieder seltsam berührt von der Natur entschlossen wir uns zu einem, der Bordküche entlockbaren, vielfältigen Salat.

Das Kochen an Bord ist immer wieder geprägt von der Einfachheit und beschränkten Möglichkeiten der Küche, in der Seemannssprache Kombüse genannt. Der Kühlschrank befindet sich in einer großen Vertiefung mit schwerem Deckel, zwischen Spüle und Herd. Egal ob Wasser, Wein oder Bier, Milch und Käse, Wurst oder Fisch, Gemüse und Salat, alles muss dort von oben mit Hilfe zweier Plastikschalen hinein gestapelt werden. Drei kleine Schränkchen, die sowohl das Essgeschirr, bestehend aus maritimen Porzellan für sechs Personen, Gläser, Gewürze, Öle und Essigsorten beherbergen, als auch das sogenannte Frühstücks-Schapp, ein Fach mit Thermoskanne, Espressokanne, Tee, Kakao, Kaffee, Zucker und Filtertüten und einiger Kleinigkeiten.

Unter der Spüle befindet sich ein Mülleimer mit Hängevorrichtung, biologisch abbaubarem Spülmittel und Tüchern, daneben der ganze Rest an Utensilien. Ganz oben zwei Besteckschubladen vom Messersatz bis zum Korkenzieher, über Dosenöffner und Eierbecher, bis hin zum Pfannenwender, Schneebesen und der multifunktionalen Käsereibe, alles muss akribisch verstaut werden. Darunter der Wasserkocher für den Hafen, Pfannen, Töpfe, Schüsseln, Siebe und sogar die Salatschleuder finden darin irgendwie Platz.

Der kardanisch schwenkbare, zweiflammige Gasherd mit Backofen wird sorgsam stets nach Gebrauch wieder mit einer Klappe verschlossen und das Gas am Heck des Schiffes verriegelt. Alle benötigten Lebensmittel wie Trinkwasser, Wein, Bier, typische Konserven und Trockensubstanzen sind unter der Sitzbank im sogenannten Salon um den Esstisch sicher verstaut.

11. SALAT „VELEBIT" - FÜR 4 PERSONEN

Zutaten:
6 -7 festkochende Kartoffel, 2 Handvoll grüne Bohnen, 1 kleiner grüner Salat - bitte niemals Eisbergsalat dazu benutzen - 1 Rote Paprika, 3 Tomaten, 1 Zwiebel, 3 Dosen Thunfisch (aber bitte nur die guten, artengeschützten!), 6 Eier, je 1 Gläschen grüne Oliven ohne Stein, Sardellen und Kapern, 4-5 Zehen Knoblauch, 1 Zitrone, 1 Bund glatte Petersilie, Olivenöl, Essig, Pfeffer und Salz, etwas Sahne und Muskat.

Zubereitung:
Kartoffel zu Pellkartoffeln kochen, an Bord kommen die 6 Eier für 8 Minuten dazu, das spart Topf, Wasser und Gas. Anschließend die frischen Bohnen aus dem kleinen Hafengeschäft, welches auch frisches Brot, Salat und Eier für uns bereithielt, kurz im Salzwasser und blanchieren.

4-5 Minuten sind hier ausreichend, dann behalten sie ihr Aroma, ihre Konsistenz und noch schöner, ihre Farbe. Abspülen und abtropfen lassen. Paprika und Tomaten würfeln, Salat in nicht zu kleine Stücke zupfen. Kartoffel schälen und in Achtel zerschneiden, Eier pellen und in Viertel zerlegen, Zwiebel in Ringe. Knoblauch hacken, ebenso die Petersilie.

Marinade herstellen:
Knoblauchwürfel, 5 Esslöffel Olivenöl, 4 Esslöffel Essig, ½ Becher Sahne (oder Milch) und Gewürze, Salz, Pfeffer und ordentlich frisch geriebene Muskatnuss. Alles in einen Shaker und schütteln.

Jetzt geht es los. Nehmen Sie eine wirklich große Schüssel, zuerst die Kartoffelwürfel, dann die blanchierten Bohnen, die Paprika und Tomatenwürfel, zunächst 2 Dosen Thunfisch mit Saft und jeweils die Hälfte der Kapern und Oliven und jetzt den Salat. Marinade darüber und vorsichtig untermischen. Die dritte Dose Thunfisch in die Mitte, Zwiebelringe darüber, Eierspalten im Kreis anordnen, den Rest der Oliven und Kapern verteilen, Sardellen und Petersilie dazugeben, den Saft der Zitrone darüber träufeln und zum Schluss noch etwas Pfeffer aus der Mühle.

Präsentieren Sie nun mit Stolz ihren Gästen den Velebit Salat. Wenn alle das Meisterwerk bestaunt haben, das Wasser gerade im Munde zusammen läuft alles noch einmal vorsichtig mischen und gerecht - ich denke da an die Eier - auf die Teller verteilen. Ich wette an Bord wird es so still wie auf diesen Felsen ohne Bora. Mit dem Blick auf das windstille Meer werden Sie dieses Gericht lieben.

Die Einfahrt in den Hafen von Pag erreicht man durch eine lange, tiefeingeschnittene Bucht, geschützt vor der Bora und sonstigen Winden, die somit ein Überleben schon in antiker Zeit hier möglich machten. Von unserem letzten Hafen in Šimuni kann man auch mit dem Taxi hierher fahren oder es gibt Fahrradwege für eine Erkundung mit dem Drahtesel. Kombinierte Boot-/Fahrradtouren sind hier sehr beliebt und werden von vielen Reisebüros angeboten.

Das Örtchen Pag, zunächst etwas unscheinbar, ist in der Hochsaison ein beliebter Ferienort. Restaurants, Eiscafés, Bars und kleine Geschäfte laden zum Bummeln ein. In der direkt hinterm Ort liegenden Saline wird Meersalz in jeglicher Form produziert. Als Mitbringsel für zu Hause sind diese kleinen Leinensäckchen recht praktisch. Nicht zu vergessen der berühmte Pager Käse, vom Schaf natürlich, und die bis heute in Handarbeit gefertigte Pager Spitze. Von hier aus erreichen Sie per Shuttle-Bus auch die spektakulären Stranddiskotheken von Novalja und den bei Jugendlichen sehr beliebten Zrće-Beach, das „Ibiza" Kroatiens.

Die Anlegemöglichkeiten für Segelyachten sind hier allerdings sehr beschränkt, es gibt keine Marina, nur eine Mole, auch für Ausflugsschiffe und Fischerboote. Unser Skipper entscheidet sich nach Studium der Karte für die Kaimauer direkt hinter einem größeren Fischerboot. Wassertiefe dort ca. 2,50m, was auch von den Instrumenten beim Anfahren bestätigt wurde, noch ausreichend für unsere Fidelio, mit einem Tiefgang von 1,95. Alles verlief glatt. Anlegen längsseits, festmachen. Die Fender sorgten für die Unversehrtheit des Schiffes und alles schien gut. Die fleißig beschäftigten Fischer begrüßten uns freundlich, den Hafenkapitän konnten wir an diesem frühen Abend aber nicht mehr ausfindig machen. Die Liegegebühr wird manchmal auch erst am Morgen kassiert.

Das Boot noch einmal genau inspiziert, die täglichen Aufzeichnungen ins Logbuch beendet, und wir bereiten uns vor an Land zu gehen, um das beschaulich wirkende Städtchen zu inspizieren.

Saubere Gassen, schmal und noch nicht ganz auf die bevorstehende Saison vorbereitet. Die meisten der kleinen Geschäfte waren schon geschlossen, nur die unspektakuläre, bescheidene Dorfkirche, der Vorplatz und ein ehemaliges Kloster waren noch zu besichtigen. Wir schlenderten über eine neugebaute Hafenbrücke, die bei Dunkelheit in futuristischem Blau erleuchtet ist, vorbei an den Discotheken bis zur Scheune an der Saline. Hier konnte ich auch die kleinen, handgearbeiteten Leinennsäckchen mit den „Blumen" des Salzsees erstehen, die ich so schätze und gerne mitbringe. Die Franzosen nennen diese Spezialität auch „Fleur de Sel", nur kostet ein solches Säckchen dort das Dreifache.

Direkt in der Nähe des Hafens war dann ein kleiner Laden, doch noch geöffnet. Sein freundlicher Besitzer handelte mit Süßigkeiten, Tabak und Postkarten. Wir erkundigten uns nach Käse, auf Kroatisch „Sir", dem berühmten „Paški Sir", Käse aus Pag. Zu dieser Jahreszeit waren die meisten Betriebe wohl noch geschlossen, der Ladenbesitzer nannte uns aber trotzdem einen Straßennamen und gab eine kroatisch/deutsch/italienische Beschreibung dazu. Wir machten uns in dem recht übersichtlichen Ort gleich neugierig auf die Suche. Was dann kam war urkomisch. Selbst nach mehreren Versuchen, immer wieder der Beschreibung folgend: „...zwei Straße hinter Kirche, eine Immobiliere a destra, dort einbiegen sinistra, Supermarket, mali Konoba, dann Treppe mit kleines Geschäft, nur Sir", konnten wir den Laden nicht finden. Immer wieder standen wir vor einer Autowerkstatt und stellten amüsiert fest, dass unser Kroatisch unbedingt besser werden sollte. Unseren freundlichen Ladenbesitzer konnten wir leider nicht erneut befragen, auch er hatte zwischenzeitlich geschlossen.

Inzwischen von der Erkundung und Suche doch recht hungrig geworden, kreisten unsere Gedanken nur um eine Frage: Wo war der Käse denn nun zu finden? Natürlich - in einem Restaurant!

Entlang der verwinkelten Promenade entdeckten wir ein nettes, völlig neu und modern, ja geradezu aufwendig renoviertes Restaurant mit dem Namen „Na Katine".

Die Speisekarte war klein, aber fein und so bestellten wir uns etwas ganz Besonderes. Wie sonst an der Küste üblich, gab es hier nicht nur die speziellen Fischsorten nach Gewicht, sondern auch eine Platte mit frischem, gegrilltem Lammfleisch für 250 Kuna das Kilo. Nach all dem Meer, der Luft und auch für die Liebe sollte es heute dann also etwas Typisches vom Land sein. Unser Mut zu Fleisch wurde nicht enttäuscht. Grandios duftend kam eine Platte daher, das Gewicht wurde vorher vom Koch auf 800g festgelegt.

Feinstes, zartes Lammfleisch, gegrillt in Form von Kote-letts, Haxe und Mittelstücken, dazu handgeschnittene Pommes Frites, gegrillte Zucchini und Karottenstifte. Zufriedenheit strahlte nicht nur das Gesicht des Kellners aus, sondern auch wir waren höchst angetan von der Wahl dieses Essens. Die gesamte Rechnung belief sich mit Wasser, Wein und endlich auch besagtem Käse auf etwa 50€. Wirklich hochverdient für beide Seiten.

Zurück am Hafen beobachteten wir dann noch einen äl-teren Mann, er machte sich mit einer selbstgefertigten Harpune am Hafenbecken, direkt neben unserer Fidelio zu schaffen. Auf unsere Nachfrage berichtete er stolz in diesem Monat bereits vier mehrere Kilo schwere Tinten-fische entlang der Kaimauer erwischt zu haben, seine Familie feierte darauf hin sogar ein Fest. Jetzt machten für uns auch die schwarzen Flecke auf der Kaimauer nahe unseres Bootes Sinn - interessant zu wissen.

Sichtlich müde und zufrieden begaben wir uns in unsere Kuschelkajüte. Wir konnten zwar keinen Käse kaufen, sondern nur verzehren, dafür kosteten wir aber das beste Pager Lammfleisch, was man sich nur vorstellen kann. Alles schien in bester Ordnung.

Um Punkt drei Uhr wurde ich ruckartig aus dem Schlaf gerissen, mein getreuer Ehemann und Skipper war lei-chenblass. Seine Worte waren mir zunächst absolut un-verständlich: „Schnell, steh auf, wir liegen auf Grund!"

Wie bitte? Was? im Hafen? Ich erhob mich aus einer merkwürdigen Schräglage und wusste nun sofort was gemeint war. Halbnackt schoss ich ihm folgend an Deck.

Was ich hier sah, wirkte wie ein Alptraum. Unsere Fidelio lag seitlings an die Hafenmauer gedrückt, der vordere Kiel lugte aus dem Wasser wie auf dem Trockendock und die vermeintliche Hafenkante befand sich in Kniehöhe. Oh mein Gott, was war nur passiert?

Ich suchte die Taschenlampe, das Mobiltelefon, den IPad. Wir standen nur da und konnten es nicht fassen, jahrelang auf See und dann so etwas. Warum? Ich wollte gleich Sea-Help, den ADAC des Meeres verständigen, am besten sofort, die helfen doch bei solchen Situationen. Und die Versicherung - oder doch lieber erst den Hafenmeister, die Polizei, die Feuerwehr, die kroatische Marine. Oder, oder…

Mein gütiger, allseits bedachter Ehemann, immer noch blass, betrachtete noch einmal in Ruhe die Lage. Das Schiff lag fest auf Grund, die Fender klemmten zwischen ihm und der Kaimauer, es war zunächst stabil und geschützt. Dann nahm er sich den IPad und „googelte" alle Wetterberichte, Hafenhandbücher und sonstige Informationen, die er finden konnte. Irgendwie war er völlig gefasst und erklärte mir dann nach einer Weile ruhig, dass vorgestern Vollmond war und wir vor acht Stunden offensichtlich bei absolut übernatürlichem Hochwasser hier festgemacht haben. Der Tidenhub betrug in dieser Nacht in der Pager Bucht weit mehr als einen Meter, ein absolutes Phänomen für das Mittelmeer und sogar für die Adria.

Anders als an der Nordsee sind die Gezeiten im Mittelmeer bei der Navigation sonst im Prinzip zu vernachlässigen.

Hinzu kam erschwerend, dass ich in meinem Übereifer nach dem Festmachen die Instrumente vorzeitig abgeschaltet hatte, ohne erneut einen Blick auf den Tiefenmesser zu werfen. Dieser hätte uns sicherlich einen deutlichen Hinweis auf die erst vor kurzem entlang der Kaimauer in ca. zwei Meter Breite aufgeschütteten Steine angezeigt, die natürlich in keiner Karte und keinem Hafenhandbuch erwähnt wurden. Durch die hohe Tide blieb dieses Unterwasserhindernis beim Ansteuern der Mole leider zunächst noch unbemerkt. Aber davon erzählte uns der Hafenkapitän dann erst am nächsten Tag.

Wie so oft bei Unglücksfällen war also auch hier mal wieder die Verkettung einzelner Umstände die Ursache für unsere missliche Lage - und wir waren völlig arglos, das Ausmaß des Geschehens nicht ahnend, auf der Suche nach Käse. Uns blieb nun nichts anders übrig als zu warten, zu beten und auf die Flut zu hoffen, mit ihrem Hochwasser, welches in etwa acht bis zehn Stunden hoffentlich wieder erreicht sein sollte.

Mein geduldigster aller Ehemänner zog sich an, setzte sich an die Hafenmauer und wartete. Ich verzog mich in die Kajüte und hoffte auf so etwas wie ein kleines Wunder. Sehr müde von all dem Erlebten schlief ich völlig schiefliegend auch wieder ein und träumte wirres Zeug.

Gegen acht Uhr wurde ich dann, noch immer in leichter Schräglage, wach und suchte meinen Seebären. Ich fand ihn im gegenüberliegenden Hafen-Café.

Die Stimmung war angespannt, zumal inzwischen viele Einheimische unsere Lage erkannten und uns demonstrativ bedauerten. Der Café-Besitzer zeigte ebenfalls Mitleid und bot uns Tee, Kaffee und selbst gemachtes, köstliches Gebäck an, nur schmecken wollte es uns heute Morgen nicht wirklich. Immerhin konnten wir von hier aus beobachten, wie sich der Mast unserer Fidelio langsam wieder aufrichtete, das nur langsam steigende Wasser verhalf unserem Schiff zu einer leichten, immer sichtbarer werdenden Schaukelbewegung.

Abb. 16: SY Fidelio an der Mole in Pag /Quelle: Eigenes Foto

Der Hafenkapitän kam zum Dienst, setzte sich erst einmal zu uns ins Café und überraschte uns mit der Information über die aufgeschütteten Steine (s.o.). Es handelte sich dabei sozusagen um eine Oktopus „Neubau-Siedlung" - und wir erinnerten uns sogleich auch an den ergrauten Oktopus-Fänger mit seiner Harpune am Vorabend.

Unsere missliche Lage tat dem Hafenkapitän natürlich sehr leid, zumal er am Vortag wohl auch etwas früher Feierabend gemacht hatte als sonst üblich und zulässig – aber seine Frau hatte Geburtstag und die ganze Familie kam doch zum Essen… Dafür kassierte er aber auch keine Liegegebühr von uns - die dann wohl auch eher „Sitz"-Gebühr hätte heißen müssen und dafür hatte er wahrscheinlich gar keinen Quittungs-Beleg.

Es wurde elf Uhr, die ersten Bus-Touristen begafften unser Schiff, einige fotografierten unsere arme Fidelio in ihrer misslichen Lage, ohne die leiseste Ahnung davon zu haben, was eigentlich geschehen war.

Die Ruhe meines Gatten in Ehren, aber ich überlegte bereits völlig entnervt, ob ich im nahegelegenen Rathaus vorsichtshalber schon einmal die kroatische Staatsbürgerschaft oder zumindest Asyl beantragen sollte. Oder schickte man uns dann über Griechenland in die Türkei? Ich war wirklich etwas gereizt.

16:00 Uhr, endlich Hochwasser - der Tiefenmesser der Fidelio pendelte auf dem inzwischen wieder völlig gerade wirkenden Boot zwischen 1,90 und 2,00 Metern hin und her. Eigentlich sollten wir wieder freikommen können. Mehrere Versuche meines Gatten das Boot nun zu bewegen brachten aber leider gar nichts, selbst mit fremder Hilfe.

Der Kiel saß fest, die mehr als sechs Tonnen Gewicht des Bootes hatten während des Aufsitzens die Kielbombe der Fidelio in diesen verdammten Steinen verkeilt.

Die Fischer vom Nachbarschiff kamen zurück, sie waren inzwischen ausgeschlafen und wollten nun die nächste nächtliche Ausfahrt vorbereiten. Sie erkannten unsere Lage ebenfalls, sie wussten aber auch, dass das Wasser nun nicht mehr höher steigen würde, eher ganz im Gegenteil. Die Fidelio musste irgendwie freikommen – und zwar jetzt!

Hilfsbereit und ehrlich berührt überlegten sie mit meinem Skipper, wie dies nun gehen könnte. Sieben Mann drückten und zogen am Boot, einer mit einem PS-starken Beiboot, aber alle Kraft nutzte nichts, das Schiff rührte sich nur wenige Zentimeter.

Dann die Idee – warum es nicht auf die gleiche Art probieren, mit der man auch ein Boot auf dem offenen Wasser befreien würde, nämlich indem man versucht es in Schräglage zu bringen - zu „krängen", wie es in der Fachsprache heißt? Der Mast wurde mit Hilfe des Spinnaker-Falls an einer gegenüberliegenden Laterne verzurrt, fünf Mann zogen daran, zusätzlich zog das Beiboot noch nach achtern. Ich, die Bordköchin, war ganz alleine an Deck und wie durch ein Wunder spürte ich die deutliche Bewegung beim Abdrücken mit dem Bootshaken von der Kaimauer.

Fast so schräg wie in der Nacht kam die Fidelio ein Stück voran, noch einmal ziehen mit vereinten Kräften und sie schwamm und war frei! Ja, frei! „Free Willy", Teil Drei, hätte damals entstehen können, hätte ich nur Zeit und Ruhe zum Filmen gehabt.

Unser Dank an die Helfer war herzlich und ehrlich, ihr Lohn waren aber nur ein paar Dosen Bier und etwas finanzielle Unterstützung, gerade ausreichend für eine Pizza zum Abendessen. Mehr lehnten sie fast mit Entrüstung ab, sich unter Seeleuten gegenseitig zu helfen ist hier noch eine Selbstverständlichkeit. Unsere Erleichterung und Freude war riesig, denn es war der Fidelio offensichtlich nichts geschehen, was auch ein Tauchgang später bewies.

Ja, ja - die Natur! Mit ihr ist alles gut, nur gegen sie kann der Mensch nicht bestehen, das haben wir wieder einmal gelernt und geben diese Erkenntnis hiermit auch gerne mal wieder weiter. Mehr als ein Meter Tide und dass an der Adria - warum gerade wir? Und warum jetzt?

Auf der anderen Seite, warum nicht gerade wir, jetzt? So ist nun mal das Leben, wir suchen nach dem Abenteuer und wenn es dann da ist, werden wir doch recht schnell bescheiden. Ein letztes Winken und ein letzter Blick über die Schulter zu den Fischern und wir sind um eine große Erfahrung im Leben reicher.

Wir nehmen uns vor auch Karl-Heinz Beständig, der jährlich ein hervorragendes Revierhandbuch über Kroatien veröffentlicht[3], welches wir sehr gerne benutzen, sozusagen unsere "Revier-Bibel", über unser aktuelles Pager Abenteuer in Kenntnis setzen.

---

[3] Karl-Heinz Beständig, „888 Häfen und Buchten 2017/18"

Kaum hatten wir die Hafenausfahrt und die geschützte Bucht verlassen, wurden wir auch schon wieder von einem recht großen Delfin begrüßt. Er erhob sich in seiner typisch geschmeidigen, bogenförmigen Bewegung nur etwa zwanzig Meter seitlich von der Fidelio mehrmals aus dem Wasser. Er schien ganz alleine zu sein, schwamm noch ungefähr fünf Minuten neben uns her und mir erschien es, als ob er uns beim letzten Auftauchen tatsächlich irgendwie zuzwinkerte.

Und schon war ich wieder zufrieden mit unserem Törn, lächelte und stellte fest: „Schlimmer geht wahrscheinlich immer!" Also einfach entspannen und die tiefe Zuneigung zu dieser wirklich sehr eigenen Natur spüren, die herrliche Luft einatmen und die Stille genießen.

Das Meer ist ruhig, fast wie eine Badewanne, obwohl wir uns wieder in dem berüchtigtsten aller Segelgebiete der Adria aufhalten, dem Velebit-Kanal. An dieser Stelle sind es nur wenig mehr als tausend Meter bis zum Festland, wo sich direkt und ohne Vorland das Gebirge bis ans Wasser erstreckt. Hier entsteht die Bora, hier fällt der Luftdruck wie ein Atemzug dieser Schönheit steil ins Meer hinab, um sich dann wie ein Sog durch den Kanal hinaus auf das offene Meer zu verziehen.

Heute aber kann man diese Kreide- und Kalkfelsen mit der kargen Vegetation in aller Ruhe bewundern und versteht nun auch, warum gerade in dieser Gegend nur wenige Menschen leben und erst recht warum nur wenige Segler dieses Revier aufsuchen.

Wir bleiben an der Küste der Insel Pag und finden auch schon bald mit der Hilfe des Führers von Herrn Beständig eine mögliche Ankerbucht, absolut windgeschützt. Dies ist laut Wetterbericht nicht unbedingt erforderlich, aber wir hätten es heute einfach gerne tief, richtig tief, so tief, dass die siebzig Meter lange Ankerkette gerade mal ausreicht um die Stabilität zu sichern.

Die gewünschte Übernachtungsmöglichkeit mit drei tiefragenden Buchten fanden wir am nordöstlichen Ende von Pag, Veli Svetojani war ihr Name. Nach zwei Stunden der Stille und in andächtiger Betrachtung steinigster Küste und bizarrster Felsformationen in unterschiedlichen Farben von Weiß, Gelb und Rotbraun waren wir am Ziel. Wir nahmen die äußerst linke und kleinste der Einbuchtungen, eine kleine Ruine sorgte dort für Abwechslung im Einerlei des Gesteins.

Der Anker wurde klargemacht. Kurz zur besseren Vorstellung des Manövers: Luke auf, Klappe einhängen, Ankerkette mit Hilfe der elektrischen Fernbedienung etwas lösen und locker über die Halterung legen, so dass der Anker beim Manöver „fallen lassen!" auch gleich den Weg ins Wasser findet und nicht etwa die Kette zurück in die Kammer dreht.

An der Spitze des Ankers hat mein Skipper eine zehn Meter lange Leine befestigt, mit einer kleinen, ca. zwanzig Zentimeter großen Boje am Schluss, die mit einem Anker gekennzeichnet ist. Die Boje steigt an der Stelle an die Wasseroberfläche wo sich der Anker gerade befindet.

Das hat zwei Vorteile, sagt der kluge Skipper: Erstens sieht man selbst und andere Crews, die eventuell ebenfalls in der Nähe ankern wollen, den Liegeplatz des Ankers und platzieren den ihrigen nicht einfach darüber. Und zweitens könnte man bei einem möglichen Festsitzen des Ankers ihn mit Hilfe dieser Leine zusätzlich anheben und bergen.

Das Boot steuert langsam in die Bucht, mittig, mit Blick auf den Tiefenmesser. Acht Meter, das ist ja perfekt und wesentlich besser als 1,30m. Auskuppeln, dann das Kommando: „Anker ab!" Antwort: "Anker fällt!"

Mit gleichmäßiger Geschwindigkeit und einem Blick zur Kette wird bei dieser Tiefe etwas mehr als die Hälfte unserer Ankerkette gegeben. Langsam, im Rückwärtsgang, zieht sich der Anker schließlich im Grund fest. Ein spürbarer Ruck ist das deutliche Zeichen des „Greifens". Liegt, sagt der Skipper.

Ankerlicht an, die Instrumente bleiben wegen der Elektroniküberwachung beim Ankern an, Logbuch schreiben, Anlegerbier, bzw. Ankerbier bereitstellen, fertig.

Jetzt kommt sie, die Entspannung des gesamten Tages, belohnt mit einem Sprung in kristallklares Wasser, herrlich. Es ist unglaublich schön, ganz alleine in der Bucht, gefühlt wie alleine auf der Welt, nicht einmal die Fische wollen in diese verlassene, einsame Gegend, nur das Meer und eine leichte Brise sind zu spüren.

Mein Kapitän taucht mit Flossen und Taucherbrille unter das Boot, um den Rumpf nach dieser Hafenaktion in Augenschein zu nehmen.

Glück gehabt, es ist wirklich nichts geschehen, nur ein kleiner Kratzer an der Kielbombe.

Abb. 17: Bucht Veli Svetojani, Pag / Quelle: Eigenes Foto

Das verdiente Bierchen genießen wir mit dem Zirpen der Grillen unter dem wechselnden Licht der Sonne, das nun unsere bizarren Felsen in Rosarot bis terrakottafarben unendlich speziell darstellt und die eben noch nach Mondlandschaft wirkende Bucht in eine, nur für uns scheinende Marslandschaft verwandelt.

Der Magen macht sich bemerkbar und die Kunst der Köchin ist mal wieder gefragt:

12. Sardinen „Veli Svetojanj"
- FÜR 4 PERSONEN.

Zutaten:

Dank des unvermeidbaren Hafentages, verfügten wir aus dem kleinen Fischgeschäft über 12 frische, mittelgroße Sardinen, geputzt und ausgenommen, ohne Kopf und Schwanz, sozusagen bratfertig, das Kilo für 80 Kuna. 2 Zitronen, Petersilie, 3 Knoblauchzehen, Salz, Pfeffer und Butter 2 Teelöffel Mehl. 500 g Pellkartoffel (hatten wir ja bereits gekocht) 1 Zwiebel, 2 Knoblauchzehen, 2 Stiele Rosmarin, Meersalz und etwas Pfeffer.

Zubereitung:

Die Kartoffeln schälen und in kleine Würfel schneiden, etwas Olivenöl erhitzen, Zwiebelstückchen und Knoblauchstückchen etwas später dazu geben sonst verbrennen sie, Pfeffer, etwas Meersalz und Rosmarin kleinschneiden, dazu geben und kross anbraten. In eine gewärmte Schüssel geben und abdecken bis die Fische fertig sind.

Sardinen etwas waschen und trocken tupfen, mit wenig Knoblauch und einem Zweig Petersilie und drei Tropfen Olivenöl füllen. 1 Esslöffel Butter und 1 Esslöffel Olivenöl in der Pfanne erhitzen, die Fische von beiden Seiten drei Minuten braten, jeweils etwas Mehl darüber streuen, in der Pfanne rütteln und auf die Platte füllen. Das Ganze mal zwei, da nicht alle 12 Fische in der Pfanne Platz finden. Auf einer Platte anrichten, mit Zitronensaft beträufeln, ein wenig Meersalz, noch etwas Zitronenschalenabrieb und gehackter Petersilie bestreuen, „Pfeffer aus der Mühle", fertig.

Dazu gibt es noch schnell zubereitet, einen grünen Salat mit Weißwein-Essig und Olivenöl, Salz und Pfeffer, Muskat und ein Teelöffel Senf.

Frisches Brot mit Butter und einem Hauch Meersalz. Weißwein, gerne einen Malvazija.

Wegen der Gräten braucht man sich eigentlich bei diesen Fischen nicht zu sorgen, sie gehören als Seefisch zu den Heringssorten und in kleiner Größe, z.B. bei Sardellen und Anchovis sind die Gräten weich und verdaulich. Bei dieser Größe wird einfach mit dem Messer entlang der Mittelgräte der obere Teil abgehoben, die Mittelgräten dann hochgezogen und zur Seite gelegt. Die winzigen, wenig verbleibenden Gräten kauen Sie einfach mit. Wichtig ist nur ausreichend mit Weißwein spülen und ein Stück Weißbrot dazu genießen.

Der verlorene Schlaf der aufregenden Nacht im Hafen von Pag wurde in dieser Nacht nachgeholt und mit viel Harmonie und Liebe ausgeglichen.

An dieser Stelle sei auch kurz bemerkt, dass das Leben auf einem Boot jede Partnerschaft auf die Probe stellt. Jeder Streit wird schnell nichtig, denn es gibt keine Rückzugsmöglichkeit und alleine geht es nun einmal nicht wirklich weiter. Als Team steht man zusammen.

Mein Skipper sagt immer gerne: "Zwei Wochen gemeinsam Segeln ist wie zwei Jahre verheiratet zu sein."

Tag 9

Nach dem unbeschreiblich schönen, erfrischenden Morgenbad geht unsere Fahrt weiter, die Manöver der Ankerlichten kennen Sie bereits.

Mit etwas Sentimentalität stellen wir fest, dass es nun schon wieder Richtung Heimathafen geht, noch zwei Nächte an Bord und zweieinhalb Tage auf dem Meer und wir sind wieder einmal um viele Erfahrungen reicher und trotz allem herrlich erholt.

Unsere Seekarte und die moderne Navigation führen uns nun nordwärts zur Insel Rab. Ein Kleinod im kroatischen Meer. Hier kommen die Touristen besonders gerne her, mit dem eigenen Boot oder mit der Fähre ist die Insel vom Festland und den benachbarten Inseln sehr gut zu erreichen. Hervorragend geeignet zum Wandern, Entdecken und natürlich zum Genießen.

Oft die erste Anlaufstelle für die zahlreichen Boote aus der weiter nördlich auf Krk gelegenen Marina Punat, bietet der Hafen von Rab um diese Jahreszeit noch genügend Platz und wir entscheiden uns zu einer kleinen Besichtigungs-Tour durch diesen mediterranen Ort.

Rab, der Name der Insel und auch des Haupt-Ortes, kommt wahrscheinlich vom illyrischen Wort Arb, mit der Bedeutung „dunkelgrün", und „bewaldet". Diese Bezeichnung ist äußerst passend, wie uns der Blick auf die Küste der Insel bei Ansteuerung aus südöstlicher Richtung bestätigt.

Die Hafenstadt Rab besteht schon seit vorchristlicher Zeit. Sie hat etwa 1.600 Einwohner und liegt auf der schmalen Halbinsel zwischen der Bucht Sv. Eufemija und dem Hafen von Rab. Ebenfalls zur Gemeinde Rab gehören die Ortschaften Barbat, Banjol, Kampor, Mundanije, Palit und Supetarska Draga. Alles sehr beliebte Urlaubsorte, die auch gerne mit Campingwagen angefahren werden. Das Radfahren ist hier auch sehr in Mode und gut organisiert.

Der Schutzpatron der Stadt und der Insel Rab ist der Heilige Christophorus, dessen Schädel als heilige Reliquie in der Schatzkammer der Kathedrale Rab aufbewahrt wird. Schon seit dem 21.07.1364 wird auf Rab zu Ehren des Königs Ljudevit Veliki (Ludwig der Große), der Rab von den Venezianern befreite, ein Fest gefeiert, die sog. „Rapska Fjera". Gleichzeitig wird an diesem Tag auch des Hl. Christophorus gedacht. Der Legende nach ist dies ist nämlich auch der Tag seines Märtyrertodes.

Ein berühmter Bürger dieser Stadt ist außerdem Marino, ein Steinmetz, der auf Rab geboren wurde. Marino gründete der Legende nach im Jahre 301 das heutige San Marino, eine der ältesten Republiken Europas.

Eine nette Anekdote in der Geschichte der Insel ist außerdem, dass am 11. August 1936 der britische König Edward VIII hier mit der königlichen Yacht Britannia für einen Tag anlegte. Sie werden jetzt zurecht sagen: "Na und, die britischen Royals schipperten doch immer und überall im Mittelmeer herum?".

Nun, Edward war auch hier mal wieder für eine Überraschung gut. Er legte zunächst vor dem Strand im Bereich Banjol an. Nachdem er sich in der Stadt mit verschiedenen Honoratioren getroffen und die Sehenswürdigkeiten der Insel besichtigt hatte, badeten er dann zum Abschluss noch in der Bucht Kandarola auf der Halbinsel Frkanj – NACKT und in Begleitung seiner damalige Geliebten und späteren Ehefrau, Wallis Simpson! Und dies fand angeblich mit ausdrücklicher Genehmigung der lokalen Behörden statt!

Überall auf Rab findet man kleine Gedenktafeln und Inschriften, die an vergangene Zeiten erinnern. Während der Zeit des italienischen Faschismus wurde auf der Insel Rab z.B. das Konzentrationslager Kampor betrieben. Alles Einzelheiten, die auf eine durchaus bewegte Geschichte hinweisen. Nach dem Zerfall Jugoslawiens wurde die Insel dann Bestandteil des unabhängigen Kroatien.

Heute ist ein ruhiger und idyllischer Tag der Vorsaison und auch das Wetter ist uns mit sommerlichen 25 Grad wohlgesonnen. Wir können unsere Fidelio längsseits an der Hafenmauer festmachen, mit ausreichend Wassertiefe, wobei das Phänomen einer für das Mittelmeer nennenswerten Tide auch hier durchaus bekannt ist, nur nicht in dem in Pag erlebten Ausmaß. Die Kroaten sagen dazu spaßeshalber: „Die Italiener drüben haben mal wieder das Wasser gestohlen".

Genauso neckend geht man hier auch mit den Vorzügen des jeweiligen Landes um. Die Kroaten sagen: "Die Italiener haben ihre Sandstrände zwar angeblich von Gott erhalten, aber der gab ihnen auch gleich noch die Plage der Algen mit! Hier in Kroatien ist es zwar fast überall steinig, dafür aber auch klar!". Wenn Sie es einmal mit eigenen Augen gesehen haben verstehen Sie diesen Humor schnell. Das Wasser ist selbst im Hafenbecken bis zum Grund klar und sauber. Vom Boot aus ins Meer zu springen ist wie eine Reinwaschung, mit natürlichem Wasser, salzhaltig und angenehm - natürlich nicht unbedingt im Hafenbecken.

Unser Landgang beschränkt sich heute nur auf den Hafen und die Altstadt. Von dort hat man einen wunderschönen Meerblick und findet an jeder Ecke Ruinen, Kirchen, mystische Plätze, Torbögen, liebevoll restaurierte Stadthäuser und Statuen. Die große Treppe hinauf an der inneren Stadtmauer führt zu einem traumhaft gelegenen Park, oder besser Inselwald. Er ist wunderschön, schattig und führt weit bis ans Ende der Bucht, hoch oben über den Stränden und Felsen mit Blick auf das stahlblaue Wasser.

Die ACI Marina Rab auf der gegenüberliegenden Seite des Hafens ist recht neu und ebenfalls gut organisiert. Sie ist nur in der Saison geöffnet und verfügt über saubere Sanitäranlagen, einen kleinen Supermarkt, das obligatorischen Bootszubehör-Geschäft und ein Café-Restaurant. Zur stets belebten Innenstadt geht es einmal ums Hafenbecken. Bäckereien, Gemüseläden, Bars und wunderschöne Blumengeschäften sind dort in der kleinen Fußgängerzone zu finden. Ich habe hier einmal einen kleinen Olivenbaum im Topf gekauft, er ist seither unser ständiger Begleiter und sorgt für noch mehr mediterrane Stimmung an Bord.

An der Kaimauer zur Altstadt befinden sich exklusive Hotels in unmittelbarer Umgebung, Geschäfte und viele Restaurants, Bars und Konobas. Lebhaft geht es hier zu, abwechslungsreich und irgendwie auch sehr kroatisch. Wir beobachten beim Aperitif in einer Bar, unter den wunderschön blühenden, exotischen Pflanzen der Stadtmauer, schmunzelnd die neu angekommenen Touristen. Kellner bitten die Gäste freundlich zu Tisch, die Speisekarte wird gereicht und gerne lauscht man der Empfehlung des charmanten Kroaten: „Fangfrische Fische, das Kilo zu blabla Kuna" und schon wird ein prächtiges Exemplar von wirklich frischem Fisch auf einer silbernen Platte präsentiert. Oh, wie verlockend das klingt. Aber Vorsicht! So ein ganzer Fisch ist erstaunlich schwer und wird damit immer deutlich teurer als eigentlich erwartet! Vielleicht ist Ihnen das auch schon so passiert - uns auf jeden Fall!

Der Kroate bestellt in diesem Fall den Tagesfisch, für siebzig bis neunzig Kuna, und erhält auch fangfrischen Fisch, nur die Art ist täglich anders. Der Fischer bringt was er fängt, Goldbrasse, Makrelen, Sardinen, Doraden oder was auch immer.

Wir bummeln mit Blick auf das Schiff umher, füllen für die letzten beiden Tage unseren Proviant an frischen Zutaten auf und verabschieden uns entspannt aus dem Hafen, ohne die ganztägige Liegegebühr entrichten zu müssen. Unser geliebtes Restaurant mit der schönen Dachterrasse muss diesmal bis zum nächsten Besuch warten. Dieser wird aber sicher nicht lange auf sich warten lassen, wir sind verliebt in diesen Ort und kommen wann immer er irgendwie auf der Route liegt vorbei.

Heute wollen wir lieber das Meer, die Luft und die Stille genießen in einer der zahlreichen und türkisblauen, benachbarten Buchten. Es ist noch früh am Nachmittag und der Skipper lenkt nun auch die Fidelio an den Ort der königlichen Romanze von Edward VIII. Fürs Nacktbaden braucht man dort glücklicherweise schon lange keine behördliche Genehmigung mehr. Das Gefühl beim Eintauchen ins kristallklare Wasser ist aber trotzdem immer noch königlich!

Inspiriert von dem geschäftstüchtigen Kellner plane nun auch ich das heutige Mahl. Es war warm, fast heiß, trotzdem fordert die Meeresluft ein gehaltvolles Essen. Nudeln? Reis? Ja, das könnte als Grundlage dienen. Kroatien ist vielseitig, selbst im Hafen wird Fleisch angeboten. Das ist absolut nicht widernatürlich, Schafe und Schweine bestimmen nun einmal auch nachhaltig das Einkommen der Inselbewohner.

Beim Bummeln im Hafen stießen wir mal wieder auf einen Metzger, das Fleisch war verlockend. Frisches Lamm, Schwein in der Luft des Meeres geboren, sogar Rindfleisch von hiesigen Rindern war im Angebot. Bei Fischhändlern waren wir immer eher vorsichtig. Lachs, Garnelen und Austern, was soll das hier in Kroatien?

Also Lamm, damit haben wir auf den Inseln bisher immer gute Erfahrungen gemacht. Was jetzt folgt ist Zauberei - Frisches Lammfleisch mit Gemüse und den Resten aus der Bordkombüse:

13. LAMMEINTOPF „RAB" – FÜR VIER PERSONEN

Zutaten:
800 g Lammfleisch, keine Ahnung von welchem Körperteil. Wenn wir es richtig verstanden haben, war es ausgelöste Lammschulter. Es war rosa, ohne Knochen und leicht durchwachsen und der Geruch war sehr angenehm, nicht nach „Schaf", kaum spürbar, etwas nach Heu. Dazu noch etwas Speck, Schweinespeck, nur etwa 100g, leicht geräuchert und natürlich vom Metzger empfohlen. 1 Gemüsezwiebel, 4 Zehen Knoblauch, 5 Kartoffel, 2 Möhren 1 kleine Zucchini und 1 Pastinake. 3 Pimentkörner, 3 Lorbeerblätter und etwas frischen Rosmarin.

Zubereitung:
Das Fleisch waschen, trocken tupfen, in 3cm große Würfel zerteilen, Gemüse schälen und in 1cm große Stücke schneiden. Speck in kleine Streifen, Knoblauch in kleinste Würfelchen. Olivenöl erhitzen, das Fleisch ca. 5 Minuten anbraten, leicht bräunen, Speck dazu. Dann den Knoblauch, Pfeffer und Piment dazu. Dann das Gemüse, umrühren und salzen, mit 200ml Malvazija ablöschen, noch etwas Olivenöl und Wasser angießen, Lorbeerblätter und 1 Zweig Rosmarin zum Schluss. Den Deckel nicht vergessen.

Langsam etwa 30 Minuten einkochen, nichts anbrennen lassen, lieber noch etwas Wein angießen - nicht alles trinken während des Kochens. Dann die Lorbeerblätter, Pigmentkörner und den Rosmarinzweig entfernen. Fertig!

Dazu gibt es heute Bulgur. Über dessen Zubereitung gibt es nicht viel zu berichten: 2 Tassen (Kaffee-Becher) Wasser, 1 Tasse groben Bulgur, ½ Teelöffel Salz, in einen Topf.

Wenn das Wasser zu kochen beginnt sofort vom Feuer, einmal durchrühren, noch etwa 10 Minuten ziehen lassen. Kleingehackte Minzblätter (hier funktioniert auch der Inhalt eines Pfefferminz-Teebeutels aus der Bordküche). Ein Stückchen Butter, wer nicht auf die Kalorien achten muss, und fertig. Und wer es ganz exotisch wünscht darf auch noch zum Quellen eine Handvoll getrocknete Rosinen oder Cranberrys dazu geben.

Das Ganze wird natürlich getrennt serviert, untermischen oder als Beilage bleibt der persönlichen Vorliebe überlassen. Man kann auch etwas geriebenen Schafskäse darüber streuen. Brot dazu - ein Genuss. Natürlich passen hier auch Reis, Nudeln oder einfach Salat. Der Duft dieses Eintopfes ist betörend, ich schließe die Augen und vergesse für Sekunden, dass ich auf dem Meer bin. Selbst der Geruch von Pinien und Eichen lässt die Nähe zu den Schafen erahnen.

Als Digestif möchte ich nach diesem wirklich opulenten Mahl einen der köstlichen Brände aus diesem Land empfehlen. Nein, nicht wegen des Alkohols, sondern wegen des fast letzten Urlaubstages, wegen der Liebe, dem Meer, dem Wind und dem Land.

S<small>LJIVOVICA</small> - <small>DIE</small> „K<small>ROATISCHE</small>" S<small>PIRITUOSE</small>

Die wohl bekannteste und natürlich auch eine der hochprozentigste Spirituose in Kroatien und wohl auch im Rest des östlichen Mitteleuropas ist der Sljivovica, ein Pflaumenschnaps. Was in Bayern und Österreich zu Pflaumendatschi verarbeitet wird, findet hier seine Verwendung als geistiges Getränk. In ländlicher Umgebung brennen viele Familien aus eigenem Anbau diese Spezialität selbst. Es enthält dann nicht selten einen Alkoholgehalt von bis zu 50%. Im herkömmlichen Verkauf findet Sie es in der Regel nur bis 37,5%. Sljivovica wird zu vielen Gelegenheiten angeboten, sozusagen als „Allgemein-Medizin". Als Aperitif vor dem Essen oder wie heute hier an Bord, nach dem Essen zur besseren Verdauung. Sogar mit Zucker aufgekocht, als eine Art „Glüh-Schnaps", findet er Verwendung. Als Saunaaufguss, als Brustwickel, bei Erkältungen oder zur Linderung von Rheuma, gegen Magenbeschwerden oder auch zur Desinfektion. Meist in Eichenfässern gelagert, erhält er eine goldene Farbe. In Flaschen gelagert, bleibt er farblos. Jede hergestellte Flasche, die nicht im Handel erhältlich ist, hat ihre Besonderheiten. Wir durften schon einige verkosten. Die Gläser werden gefüllt und es erklingt auf der Fidelio der kroatische Trinkspruch: "Živeli"!

Nun, was soll ich noch erzählen, der Abend endete nicht ganz so seemännisch wie sonst oder vielleicht erst recht. Aber das Schiff liegt sicher, der Kapitän behält eindeutig die Oberhand, alles andere wäre sträflich, und wir schlafen fest bis zum nächsten Morgen.

TAG 10

Das Erwachen in der Kajüte eines Segelbootes gleicht ein wenig dem Erwachen in einem Zelt. Stechmücken gibt es hier aber glücklicherweise meist keine, die Luft ist ausreichend und die Feuchtigkeit gerade noch gemäßigt. Kopfschmerzen kommen eher selten vor und Käfer oder Ratten gibt es in der christlichen Seefahrt Anno Domini 2017 erfreulicherweise auch keine mehr!

Über den Lebensmedian hinaus gealtert, benötigt man in der Kajüte aber etwas länger bis die Beine aus der Horizontalen mit den Füßen den Boden berühren. Bei leicht, inzwischen wohl schon etwas natürlich gekrümmtem Rücken, ist das Anstoßen des Kopfes dann auch eher eine Ausnahme, nur die Glieder sind etwas steifer als nach dem Aufstehen aus dem zweimalzwei Meter Bett in heimischer Umgebung. Dafür gibt es deutlich weniger Spiegel, in denen man sich ganzkörperlich betrachten müsste. Also um es vereinfacht zu sagen, das Gefühl am Morgen zu erwachen ist angepasst an die Entschleunigung des gesamten Segelns. Und das wiederum ist sehr angenehm.

Der Sprung ins frische Meer so wie Gott uns schuf sorgt wieder einmal für einen raschen Kreislaufanstieg und der frisch aufgebrühte Kaffee oder in meinem Fall Tee, versorgt die natürlichen Bedürfnisse des Körpers wie ein Elixier. Wir hatten jahrelang ein Schwimmbad im Haus, ehrlich gesagt, die Tage an denen ich morgens schlaftrunken in den Pool gehüpft bin sind ganz bescheiden an zwei Händen abzählbar.

Hier gehört es aber einfach dazu. Wir haben Freunde bei uns an Bord erlebt, sonst absolute Morgenmuffel, die nach dem Erwachen noch nicht einmal fünf Minuten benötigten, um im Ozean zu schwimmen. Es ist wie ein göttliches Geschenk, eine leicht zu erfüllende Pflicht, weil so einfach. Die Sonne zieht mit ihrem funkelnden Morgenlicht die Menschen einfach ins Wasser, herrlich. Besser als jedes Hausmittelchen und besser als jedes Aspirin. Ein natürliches Therapeutikum, ohne Verordnung und eigentlich unterbewusst.

Der vorletzte Tag unseres Törns wird laut Wetterbericht von Sonne und einer angenehmen Wärme geprägt sein, dafür ist leider nur wenig Wind zum Segeln in Aussicht. Wir verlassen unsere Bucht in Richtung Opatija und fahren mit der Hilfe des Motors entlang der Küste der Insel Krk.

Diese Insel ist erwähnenswert, weil vielseitig in der Vegetation, reich an Wein und gesegnet mit Fischfang, Schaf- und Schweinezucht, sowie Landwirtschaft. Sie ist ohne Fähre über eine gebührenpflichtige Brücke vom Festland hinter Rijeka wirklich schnell erreichbar. Campingplätze, Apartments und Hotels warten in der Saison auf internationale Gäste. Krk ist wohl die nahegelegenste und neben Cres auch eine der größten Inseln in der kroatischen Adria. Sie ist touristisch voll erschlossen. Italiener, Österreicher und Bayern reisen gerne zu jedem auch noch zu kurzen Feiertags-Wochenende dorthin. Hier wird fast überall Deutsch verstanden und auch gesprochen. Nach dem Zusammenbruch des Warschauer Paktes finden sich heute auch viele Urlauber aus Ungarn, Tschechien, Rumänien und anderen ehemaligen Ostblockstaaten auf Krk ein. Ein weiteres Plus ist der im Nordosten gelegene internationale Flughafen Rijeka-Riviera Kvarner Airport (RJK). Vom Meer aus bietet die Insel auf der Westseite eine abwechslungsreiche Küste. Unzählige Buchten laden auch kleine Motorboote zum Ankern und Schwimmen ein, Klöster und modernste Campingplätze bieten genug Abwechslung für Urlauber.

So auch der kleine Ort Glavotok. Direkt an der Küste, auf einer abgelegenen Landzunge, vom Boot sehr gut zu sehen, liegt ein altes, im Jahre 1468 an Franziskaner Mönche geschenktes Kloster. In der schlichten, gotischen Kirche neben dem Kloster befinden sich mehrere Gemälde des venezianischen Malers Girolamoda Santacroce, darunter die "Klosterpatronin Maria" und der "Hl. Franziskus". Nördlich des Klosters Glavotok, in der einsamen Bucht Čavlena, steht die altkroatische Chrysostomos-Kirche Sv. Krševan. Sie ist von der kleinen Ortschaft Milohnić über einen unbefestigten, schmalen Fahrweg zu erreichen. An diesem Ort wirkt die Zeit wie stillgestanden.

Krk ist auch eine Weinregion. Speziell in der Gemeinde Vrbnik wird traditionell die Weißweinsorte Žlahtina angebaut. Es handelt dabei um eine autochthone Rebsorte, die nur in der Umgebung von Vrbnik im östlichen Zentrum der Insel, sowie bei Crikvenica auf dem Festland wächst. Der Žlahtina ist für seinen mineralischen Charakter bekannt. Er wird hier meist als offener Wein angeboten, aber es gibt auch sehr gute Weingüter mit familiärer Tradition, die diese Trauben gekonnt keltern und entsprechend vermarkten.

Aber auch Olivenbäume werden an vielen Stellen der Insel kultiviert. Die Landwirtschaft beschränkt sich ansonsten auf die Zucht von Schafen, einiger Schweine und weniger von Rindern. Die Insel ist im Osten landschaftlich geprägt durch den bereits erwähnten Velebitzki-Kanal, an dieser Seite ist sie karg und rau, ähnlich wie Pag und wird von Seglern eigentlich gemieden. Hier an der Westküste ist die Insel grün, bewaldet bis zum Meer. Es duftet herrlich nach Fichte, Gräsern und Kräutern, nach Salz und nach Meer.

Wegen der ruhigen See und um gemütlich bis zum Nachmittag den Norden der Insel zu erreichen, entscheiden wir uns zur Mittagszeit für ein einfaches und auch bei unseren Kindern sehr beliebtes Gericht – ursprünglich allerdings aus Nordafrika stammend - welches mit wenig Aufwand, dafür aber mit viel Aroma zubereitet werden kann.

14. TABOULÉ „KRK" – FÜR VIER PERSONEN

Zutaten
1 Tasse Hirse, 1 Zwiebel, 4 Zehen Knoblauch, 1-2 Frühlingszwiebeln, 3 große, feste Tomaten, Petersilie, frische Minze, 2 - 3 Zitronen, 5 Esslöffel Olivenöl, Essig, Salz, Pfeffer, gemahlener Koriander und wer möchte etwas Cumin.

Zubereitung:
Die Zutaten werden ganz winzig kleingehackt, in eine Schüssel gegeben, die Tomaten werden ganz dünn mit einem Sparschäler roh enthäutet und auch klein gewürfelt, dabei den Saft nicht verlieren, sondern untermischen. Nun reichlich mit Olivenöl, Essig und etwas Wasser und oder Wein angießen, Kräuter dazu, die Hälfte des Zitronensaftes der ausgepressten Zitronen, Gewürze und schließlich die Tasse trockener, ungekochter Hirse dazu alles gut verrühren, es sollte deutlich mehr Flüssigkeit zu sehen sein. Das alles gut 20 Minuten ziehen lassen und immer wieder umrühren. Zum Schluss noch etwas Minze und den Rest des Zitronensaftes unterrühren und servieren. Dazu gibt es frisches Brot, Oliven und Käse aus Pag, den besitzen wir reichlich.

Als Getränk dient uns heute Mittag gekühltes Mineralwasser, unser Favorit ist dabei das gute Studenac.

Auf den Inseln Ilovik und Sv. Petar gibt es mehrere Frischwasserquellen, und eine davon ist der Studenac, ein 12 m
tiefer Brunnen, inmitten des Ortes, um welchen herum sich
am Peterstag, dem 29. Juli, alle Bewohner der Inseln versam-
meln, um mit Gesängen und Tänzen zu feiern. Man sagt, dass
selbst die ältesten Ortsbewohner im Geiste jung, vital und
sehr langlebig sind. Wir sind überzeugt, das liegt natürlich
an ihrem guten Wasser.

Ein leichtes, gesundes Essen, denn das Olivenöl ist kaltge-
presst und gehaltvoll, das enthaltene Fett dient zur Löslich-
keit der wichtigsten Vitamine.

Jetzt werden Sie vielleicht sagen, alles gut, aber kann
„Mann" nicht auch etwas wirklich Einfaches an Bord zube-
reiten? Klar - wie wäre es mit Pellkartoffeln und Quark?
Oder besser Kartoffeln „Adria"!

15. KARTOFFELN „ADRIA" – FÜR VIER PERSONEN

Zutaten:
Kartoffeln, 500g Quark, etwas Milch, 1 Glas Kapern, 4 Knob-
lauchzehen, eine kleine Zwiebel, Salz, Pfeffer, Schnittlauch o-
der Getrocknete Petersilie, Olivenöl.

Zubereitung:
Kartoffel als Pellkartoffel kochen. Quark, Kapern abgießen
und mit etwas Milch cremig unterrühren, Knoblauch Zwiebel
kleinstschneiden, Gewürze und einen Löffel Olivenöl unterrüh-
ren- fertig. Dazu etwas frisches Brot, Oliven und gerne auch
eine Dose Makrelen für den Geschmack nach Meer reichen.
Einfacher geht kaum, aber der GESCHMACK ist alles andere
als simpel.

Nach welchem Rezept auch immer Sie an Bord kochen, alle werden Sie gleichermaßen entschleunigen. Der Alltag ist völlig vergessen, die Post, die Emails, die kleinen Sorgen des täglichen Lebens. Schweigend wird ein Buch gelesen, ein Reiseführer geblättert oder geschichtliche Besonderheiten gegoogelt. Kein Facebook, kein Posten - uns ist dieses Bedürfnis doch tatsächlich in den letzten Tagen völlig abhandengekommen.

Der verträumte Blick auf das Meer wird wieder einmal mit dem Besuch von drei oder vier Delphine belohnt, dieses Mal tauchen sie jedoch in einiger Entfernung vom Boot auf und schwimmen deutlich schneller als die Fidelio in südlicher Richtung davon. Schön!

Wir kommen unserer letzten Ankermöglichkeit jetzt langsam näher und auch die Sonne wechselt bereits das Licht und wird leicht golden und zugleich milchig am Horizont. Die Küstenorte Njivice und Malinska liegen nun vor uns.

Malinska liegt etwa 12 km südlich von Omišalj, der ersten Stadt, die man vom Festland über die Brücke nach Krk erreicht. Die Vegetation ist von üppigem Grün gezeichnet. Malerisch an der Westküste gelegenen erfreuen wir uns der Dörfer Njivice und Malinska. Das sind einfache Badeorte mit wenig Sehenswürdigkeiten, aber guten Freizeitmöglichkeiten und traumhaften Sonnenuntergängen. Früher war hier in Malinska der Holzausfuhrhafen Krks. Heute gibt es zahlreiche Pensionen und Privatunterkünfte, sowie einige Hotels. Aufgrund seiner Kiefernwälder und der nur schmalen Strandabschnitte gilt Malinska besonders im Sommer als angenehmer, nicht so überfüllter Ferienort.

Die Bucht eignet sich hervorragend zum Ankern, was auch umgehend getan wird und einige Frischwasserquellen sorgen für äußerst unterschiedliche Wassertemperaturen, die uns beim Schwimmen immer wieder erstaunen.

Der Skipper ist hoch zufrieden, das Schiff liegt sehr gut. Die Sonne verfärbt sich langsam ist Orange und scheint wieder ganz klar und kraftvoll. Erfrischt und geduscht mit der Warmwasser-Bordusche gibt es heute zum Abschluss ausnahmsweise mal kein Ankerbier, sondern einen „Sundowner".

Der beliebte Cuba Libre wird heute mit gekühlter Cola, einer ordentlichen Portion Captain Morgan und Limettensaft bereitet. Die kleine tragbare Box von Bose spielt stimmungsvolle Lounge-Musik, dezent und nicht zu laut.

Einige Fischerboote sind bereits auf dem Heimweg nach Njivice und kreuzen im Wasser den glühenden Strahl der untergehenden Sonne. Nur wenige Minuten dauert das Schauspiel und es ist kaum möglich diese Stimmung in Worte zu fassen. Unglaublich vielfältig ist das Farbenspektrum, die Wärme auf unserer Haut und die tief im Herzen empfundene Freude an der Natur. In Key West in Florida versinkt die Sonne im Meer, hier taucht sie ein in die Berge der weit gegenüberliegenden Halbinsel Istriens. Es ist wundersam still und sehr friedvoll. Einfach unvergesslich, ein letztes Geschenk der Natur auf unserem Törn.

Nach zwei dieser betörenden Cocktails entschwinde ich leichtfüßig wie eine Fee in die Bordküche. Die Stimmung ist wundervoll. Ausgelassen wird über jede Einzelheit der Reise gelacht und so die Geschichten für zu Hause vorbereitet.

Das Miteinander verlief so harmonisch und ungezwungen, dass es uns doch als eine der besten Möglichkeiten erscheint Verbindungen fürs Leben zu schließen. Ob mit den inzwischen erwachsenen Kindern, Freunden oder einfach nur zu zweit, es bindet einander. Aber nun wird es nochmal Zeit für eine leckere Pasta:

16. PASTA „MALINSKA" – FÜR VIER PERSONEN

Zutaten:
500g Spaghetti, 2 Dosen Kirschtomaten, 1 Dose Artischocken, 1 kleine Zwiebel, 4 Zehen Knoblauch, 1 Gläschen Kapern, Pinienkerne, Rucola, geriebener Käse, Lorbeerblätter, Olivenöl, Salz und Pfeffer und ein Hauch Chili.

Zubereitung:
Spagetti mit zwei Lorbeerblättern, einem Schuss Olivenöl und etwas Salz kochen und abgießen. Im gleichen Topf nun die Zwiebel und den Knoblauch in Olivenöl dünsten, Pinienkerne mitrösten. Tomaten und klein geschnittene Artischocken dazu, Kapern ebenfalls. Etwas Salz, reichlich Pfeffer dazu. Spaghetti darüber, Rucola kleinrupfen und alles vermischen, vorsichtig mit dem Chili würzen. Etwas Käse darüber streuen und noch etwas Olivenöl angießen.

Dazu passt eigentlich jeder Wein. Ob Rot oder Weiß. Wir trinken unseren geliebten Malvazija von Kozlović, die letzten beiden Flaschen an Bord fallen dieser Pasta zum Opfer. Als Nachtisch werden die noch vorhandenen Früchte als Obstsalat verarbeitet, eine Banane, ein Apfel, eine Handvoll Trauben, eine Grapefruit und eine Orange. Leicht gesüßt und mit Sljivovica verfeinert. Das erspart den Digestif und mundet hervorragend.

Als Abschluss darf es heute noch ein Espresso sein, mit einem Stückchen zartbitterer Schokolade, die wir eigentlich als Souvenir gedachten und aus einem kleinen Laden in Zadar mitgebracht haben. Die belgische Version wurde ja bereits genussvoll verzehrt.

TAG 11

Der letzte Sprung ins Meer am nächsten Morgen erfüllte uns mit der Sehnsucht, doch noch mehr und weitergelegene Ziele entdecken zu wollen. Der Skipper musste uns fast zur Ordnung und zum Aufräumen zwingen. Bereits um 10:00 Uhr waren wir nach einer Tasse Kaffee und Tee zum letzten Ablegen bereit.

Es galt an diesem herrlichen Tag wieder die weit offene Kvarner Bucht von Krk nach Opatija zu überqueren, was oft etwas unruhig werden kann. Kaum verließen wir die ruhige Bucht, blies uns auch schon ein frischer Wind aus Nordwest entgegen. Nur leider mussten wir auch genau in diese Richtung und die Überlegung nun die Segel zu setzen wurde schnell beiseitegeschoben. Wir mussten zum ersten Mal seit Tagen wieder auf die Uhr schauen. Unsere Jugend hätte den Kurs „Hoch am Wind" mit heftiger Schräglage sicherlich geliebt. Wir jedoch wollten heute nicht gezwungen sein gegen den Wind zu kreuzen und ständig zu wenden. Unseren letzten Tag wollten wir nicht mit harter Manöverarbeit verbringen und fuhren leicht schaukelnd den direkten und kürzesten Weg. Ohne Segel, unter Motor, aber glücklich und entspannt.

Auf halber Strecke konnten wir dann gleich noch eine ganze Schule von Delphinen beobachten. Es waren sicherlich sechs oder sieben und am Horizont noch einmal vier. Sie sprangen in unmittelbarer Nähe des Bootes umher, ließen die ganze Schönheit ihres Körpers erblicken und die Schwanzflossen winkten nach gut zehn Minuten der Begleitung unserer Fidelio quasi zum Abschied zu. Was für ein Spektakel, so frei und natürlich taten diese wunderbaren Tiere gerade, dass, was ihnen so vorschwebte oder was ihre Bestimmung an diesem sonnigen Tag war. Es war einfach schön, ich verändere hier mal kurz meine geliebten Worte: „Liebe, Wind und die phantastischen Tiere im Meer!"

Wir konnten die Küste Istriens nun schon deutlich erkennen und das Beiboot, welches wir meist hinter uns herziehen, da es beim Segeln auf dem Vorschiff behindert, wurde unter gedrosselter Fahrt nun schon auf dem Bug zu befestigen. Dann entscheidet unser Skipper kurz und knapp: „Fertig machen zum Anlegen im Hafen!"

Für dieses Manöver haben wir unsere ganz eigenen Regeln: Die gesamte Mannschaft fährt ordentlich bekleidet in den Hafen ein, mit Hose, Crewshirt und Schuhen.

Apropos Schuhe! Im Sommer, wenn's gemütlich zugeht, ist die Crew auch gerne mal barfuß an Bord. Aber Manöver sollten möglichst nur mit der entsprechenden Fußbekleidung gefahren werden. Egal ob beim Setzen der Segel, bei der Wende oder beim An- und Ablegen. Schuhe schützen einfach. Ich kann ihnen von einem Klassiker berichten. Beim Wenden bin ich höchst persönlich mit meinem kleinen Zeh an der Halterung für die Wischkurbeln hängen geblieben. Der Schmerz war nicht zu überhören. Schnell ans Heck und den Fuß in das kühle Meerwasser. Zunächst etwas Erleichterung verspürend, war am Abend der kleinste aller Zehen tiefblau, die Schwellung ging bis zum Fußrücken und das Benutzen von Leitern oder Treppen, egal wo, war nicht wirklich angenehm - schmerzfrei schon gar nicht. Machen kann man da dann gar nichts. Trotz sorgfältig ausgestatteter Bordapotheke können Sie eigentlich nur abwarten, zwei bis drei Wochen, dann ist es hoffentlich wieder verheilt. In der Zwischenzeit sind Sie allerdings etwas lädiert und schwören in Zukunft Schuhe an Bord zu tragen. Also kurz, Segelschuhe haben ihre absolute Berechtigung. Ich will aber nicht weiter jammern - an Bord gibt es keine Damen, sondern nur Crewmitglieder!

Die Segelutensilien, wie Winschen, Karten und Handschuhe werden verstaut. Gläser, Flaschen, Bücher, Sonnenbrillen und Klamotten nach unten – die Fender und die eigens dafür gedachten Muring-Handschuhe nach oben. Kurz vor der Einfahrt werden die sechs Fender angebracht, natürlich in Höhe der Rumpfkante, exakt je zwei an der breitesten Seite des Schiffes, zwei vorne, zwei hinten. Ein Bootshaken wird bereitgelegt.

Die bevorstehenden Anlegemanöver sind in Reihenfolge und Aufgabenverteilung klar festgelegt und sind somit quasi Gesetz. Zuerst wird einer der hinteren Festmacher - und zwar der an der windzugewandten Seite, also in Luv - geworfen. In unserer Box in Opatija bleiben die Festmacher fix am Liegeplatz und werden bei Ankunft also von den freundlichen Marineros zugeworfen und von uns schnell befestigt. Dann folgt die Lee-Seite. Mit genug Personen hat jeder seine Aufgabe.

Der nächste Schritt ist das Aufnehmen der Muringleinen, die meist muschelig, schlammig und schmutzig sind.

Deshalb auch die Arbeits-Handschuhe. Die Leine wird zack, zack, außenbords nach vorne geführt und mit dem eigentlichen Festmacher an der vorderen Klampe belegt. Jetzt folgt die zweite Muring auf der anderen Seite, das gleiche Spiel noch einmal.

Jetzt heißt es zunächst aber hinsetzen und „Klappe halten", damit der Skipper alles gut sieht. Unser Skipper verlangsamt im Hafen nun deutlich die Fahrt und unser Ankommen wird von den Marineros bereits registriert. Die Fidelio nimmt Kurs auf die hintere Seite des Hafens, zunächst wird in eine der vorderen Buchten der Marina eingefahren, nur eingefahren, dann im Rückwärtsgang die eigentliche Box, mittig und vorsichtig angesteuert. Die bereits liegenden Muringleinen der zahlreichen anderen Boote verlangen hier im engen Hafen ein sehr exaktes Rudermanöver. Auskuppeln, Ruder einstellen, Rückwärtsgang.

Behutsam steuert unser Skipper das Schiff zum Liegeplatz mit der Nummer 23. Allgemeine Stille! Die Augen auf die Nachbarboote gerichtet und zum Sprung bereit, um mit den Händen eine leichte Kollision, nur falls sie drohen sollte, zu verhindern. Das Berühren des anderen Bootes sollte normalerweise nur im Notfall erfolgen. Wieder Auskuppeln, langsam nähert sich das Schiff ohne Gefahr mit dem Heck dem Kai.

Unsere Freunde von der Marina sind zur Stelle und werfen uns die Festmacher zu. Genau wie geplant und in der richtigen Reihenfolge, Profis, halt einfach vom Fach. Ihr Lohn, ein Lächeln und ein Gruß zum Dank. Die Festmacher und Muringleinen liegen.

Erst dann, wenn alles in den Augen des Skippers zufriedenstellend ist, wird der Motor ausgeschaltet, die Gangway gelockert und zum Steg manövriert. Handschuhe aus, und den Stromanschluss auf dem Steg einstecken. Später kommt noch der Wasseranschluss zum Säubern des Bootes von Salzwasser und „Möwenschiss" dazu. Der Skipper überprüft noch einmal die Festmacher und korrigiert den Abstand zum Kai.

Geschafft, ein glückliches und auch zugleich dankbares Gefühl erfüllt die gesamte Besatzung. Das Anlegerbier wird gereicht, stolze und lächelnde Menschen prosten sich zu und die ersten Freunde im Hafen winken herüber, einige kommen näher und wollen die Geschichten des zurückliegenden Törns natürlich als Erste erfahren. Entspannt wird gelacht und erzählt. Obwohl man sich hier kaum näher kennt, herrscht eine gewisse Nachbarschaft, eine Vertrautheit, entstanden aus der Liebe zum Meer und den eigenen Erfahrungen mit dem Schiff und der Natur.

Nach kurzer Zeit verabschieden sich die Freunde. Das Boot wird von den Herren an Bord noch mit dem Schlauch von besagtem Schmutz und der salzigen Meerwassergischt gereinigt, der ordentlich sortierte Müll wird in bereitstehenden Containern entsorgt und der Skipper schreib die vorerst letzte Eintragung ins Logbuch.

Es folgt nun abwechselnd der Gang zur Dusche, noch ein Bierchen oder auch Wasser, das letzte frische T-Shirt wird übergezogen und die Crew verlässt das Schiff in Richtung Hafenrestaurant.

Was jetzt kommt, nennt man glaube ich „Seemanns-
garn!" Beschwingt werden die erlebten Geschichten erör-
tert, belustig die Manöver bereinigt und andere dramati-
siert. Selten so gelacht und selten so nah mit einander verbunden. Die letzte Nacht an Bord ist entspannt und will auch
nicht wirklich enden.

TAG 12

Der letzte Morgen ist gekommen. Mit dem tiefen Wunsch
noch einmal diese seltsam geschäftige, aber doch ent-
spannte Atmosphäre des Hafens und des Meeres zu spüren,
treffen wir uns nach der morgendlichen Toilette wieder in
dem kleinen Café („Tosst" - Sie erinnern sich sicherlich...).
Völlig entschleunigt wird die Bestellung aufgenommen und
mit Entschleunigung auch serviert.

Da sitzen wir nun wieder auf der Hafenterrasse und beobachten erneut das Geschehen des „Hafenkinos". Anderen
bei der Arbeit im Hafen und den bevorstehenden Manövern
zuzusehen, bereitet uns einfach ein stilles Vergnügen und
auch Entspannung. Eine neue Chartercrew übernimmt ein
Boot, das Ausflugsschiff macht sich zum Ablegen bereit, Touristen schlendern vorbei und die Freunde in der Marina haben alle Hände voll zu tun, jedem Wunsch der Anleger gerecht zu werden.

Auch für uns wird es nun Zeit. Das Boot ist zum Verlassen
gesäubert, alle Taschen sind gepackt, der Kühlschrank ist
leer, die Instrumente ausgeschaltet, die Luke wird verschlossen. Das war's - zum Abschluss aber wie immer noch
ein Eis!

Der Fahrer bringt das beladene Auto mit Hilfe des Lasten-aufzugs auf Straßen-Niveau und ich besorge noch das typisch kroatische Eis für die Rückfahrt. Wir treffen uns oberhalb des Hotels Admirals auf der Straße, steigen überglücklich ein und unser Blick geht sehnsüchtig zur Küste, auf die Kvarner Bucht und das türkisblaue Meer.

Und wir genießen sehr das Gefühl und die Gewissheit, dass wir schon bald wieder auf unsere Fidelio kommen dürfen.

Und zum Schluss noch eine liebevolle Anmerkung für mögliche Zweifler:

Es ist nicht störend immer wieder an den gleichen Urlaubsort zurückzukehren. Und es ist auch keine wirkliche Belastung die Verantwortung für ein Boot zu tragen. Für uns ist es ein Geschenk!

Unsere Fidelio bringt uns die Freiheit jederzeit neue Erfahrungen zu sammeln, frei auf dem Meer zu sein, ohne Briefkasten und Festnetzanschluss. Wir können jederzeit eine Therapie, eine Reha ohne ärztliche Verordnung bekommen und wir müssen auch nicht die Genehmigung einer übergeordneten Krankenkasse abwarten.

Machen auch Sie sich frei von ihren Zwängen, lauschen Sie ihrem Herz und leben Sie ihre Träume. Haben Sie Mut - Sie werden mit vielen angenehmen Überraschungen belohnt.

Allein die Liebe, der Wind und das Meer sind dafür Grund genug!

Abb. 18: Mein Skipper / Quelle: Eigenes Foto